LES HABILES

APPEL A LA RAISON PUBLIQUE

PAR

G. VÉRAN

La ligne droite est le plus court chemin d'un point à un autre.

ANGERS

IMPRIMERIE - LIBRAIRIE GERMAIN ET G. GRASSIN

RUE SAINT-LAUD

—

1883

LES HABILES

APPEL A LA RAISON PUBLIQUE

PAR

G. VÉRAN

> La ligne droite est le plus court chemin d'un point à un autre.

ANGERS
IMPRIMERIE-LIBRAIRIE GERMAIN ET G. GRASSIN
RUE SAINT-LAUD
1883

POURQUOI CE LIVRE ?

A l'heure où nous traçons ces lignes, la France est en proie à l'émotion causée par les premières manifestations révolutionnaires des ouvriers sans travail et sans pain. C'est le commencement de la fin. La parole est aux événements.

Il est de toute justice qu'après avoir semé les vents, la République recueille les tempêtes; qu'après avoir exalté les idées de révolte et d'impiété cynique, et pratiqué sur une échelle immense la violation de tous les droits divins et humains, nos gouvernants se heurtent à l'explosion soudaine des colères longtemps contenues des classes déshéritées par la Révolution, de ces *ilotes ivres* que Gambetta, arrêté par la main de Dieu, n'a pu, pour le compte de son despotisme, écraser dans leurs repaires.

Le moment est solennel. La société qui veut vivre va bientôt, après quatre-vingt-dix ans d'expérimentations et d'épreuves, après les plus douloureuses déceptions, rejeter le régime de mensonge et de corruption qui aura été la forme dernière de la négation révolutionnaire. L'expérience a tout dit : on avait rejeté la Constitution quinze fois séculaire de la France; on avait exilé la royauté nationale qui, avec le christianisme, a fait se développer ce *beau royaume de France que Rome expirante*, dit Châteaubriand, *enfanta au milieu de ses ruines comme un dernier effort de sa grandeur*. On avait nié l'ordre traditionnel et le devoir du peuple à respecter cet ordre.

L'esprit humain, l'esprit constituant a créé vingt constitutions exotiques; les régimes les plus divers se sont succédé, tombant les uns sur les autres; les chartes écrites ont été déchirées. L'émeute parisienne a fait la loi à trente-cinq millions d'hommes. Cela s'est appelé le *progrès moderne*, le *droit nouveau*.... Qu'avons-nous vu?

Le règne de l'échafaud, des millions d'hommes immolés dans des guerres désastreuses, trois invasions, l'humiliation répétée de la patrie de saint Louis, de Louis XIV et d'Henri IV, le despotisme et l'anarchie s'engendrant mutuellement, la ruine de nos finances, de nos industries, de notre commerce et de nos libertés, la décadence de la France, notre territoire entamé, ouvert aux convoitises de l'Allemagne, l'instabilité chronique, la déconsidération du nom français, notre isolement absolu, la désorganisation de l'armée et de toutes les branches de l'administration, la persécution religieuse et l'avènement du nihilisme incendiaire !

Le progrès révolutionnaire est une belle chose !

En présence des événements, nous nous sommes demandé si les républicains avaient été les seuls coupables, les plus coupables. Nous nous sommes demandé, si avant l'heure des châtiments divins, il n'était pas utile de rechercher et de signaler les véritables auteurs de l'état d'anarchie où s'épuise la France. Il nous a paru nécessaire d'adresser à la raison publique un dernier appel sur les causes de nos divisions et des faits qui vont se dérouler, afin que cette raison publique pût répartir, au nom de la morale et de la justice, les graves responsabilités encourues par les chefs des factions en lutte, et cela, avant que les événements n'éclatent avec la rapidité foudroyante que nous prévoyons.

Disons-le donc tout d'abord : ce livre est l'exposé fidèle des erreurs professées et des fautes commises, depuis un demi-siècle, par les HABILES, par les modérés de la révolution qui ont épuisé leur sagesse et leur prudence à expérimenter sur la France sortie, par leur faute, de ses voies traditionnelles, les procédés d'une politique qui se croit *pratique* parce qu'elle remplace les principes par les expédients, et *libérale* parce qu'elle s'obstine à vouloir réconcilier la tradition nationale avec la Révolution qui la nie.

Nous ne parlons ici, bien entendu, que des chefs de la faction parlementaire, des irréconciliables, des intransigeants du scepticisme politique qu'aucune raison, qu'aucune autorité, qu'aucun enseignement venant de Dieu, des événements ou des hommes, n'a pu convaincre, n'a pu arracher à leurs préjugés et aux dangereuses fictions d'un système de gouvernement oligarchique auquel la France et l'Europe doivent l'épouvantable crise qu'elles traversent.

Pour bien saisir notre intention et nos preuves le lecteur est prié d'achever la lecture de ces pages....

Il ne faut pas que notre France, à l'heure prochaine, très prochaine, de sa régénération par le catholicisme, par la Monarchie et la vraie liberté, remette encore le soin de ses destinées à ces politiques de la pénombre, qui ne soufflent ni le froid ni le chaud, aveuglément décidés à conduire le vaisseau qui porte les débris de la grandeur française sur les mêmes écueils où nous avons rencontré nos derniers désastres....

Les hommes dont nous parlons — honnêtes dans la vie privée — ont peur de l'affirmation intégrale de la vérité politique et religieuse, comme ils ont peur de l'incorruptible vertu du Roi.

Sortis de la Révolution, devenus conservateurs par la pratique du pouvoir et par les nécessités de leur fortune, ils subissent le joug d'une négation qu'ils croient dominer par des concessions perpétuelles.

Comme Talleyrand, qui voulait faire une restauration où un évêque assermenté pût se trouver à l'aise, ils repoussent de la révolution la violence matérielle qui menace leurs intérêts et leur vie, et n'en gardent que ce qui peut les aider à faire entrer l'usurpation dans la monarchie. L'idée de la légitimité de l'autorité ne les touche pas; leur esprit flottant dans les régions inférieures de la politique des intérêts ne soupçonne pas qu'il puisse y avoir un droit antérieur et supérieur au fait constituant qui est leur œuvre.

Ils se qualifient de libéraux. Le conservateur de la révolution modérée se dit *libéral* avec l'emphase du parvenu des provinces de l'ancienne Rome se proclamant *citoyen romain*,

Le *libéral* sous la Restauration, se fit le défenseur de la fameuse loi d'élection offrant le double vote et le cens à trois cents francs, loi qu'attaquèrent les royalistes dirigés par de Villèle, de Bonald, Châteaubriand, Corbière, Piet, Clausel de Coussergues, etc., lesquels revendiquaient le droit électoral de tous les contribuables de l'impôt du sang et de l'argent.

Le *libéral* s'allia aux sociétés secrètes, aux sectes qui battirent en brèche le régime réparateur auquel la France dut d'atteindre, au sein de l'ordre et de la liberté, à ce point de gloire et de prospérité qu'elle n'a plus connu depuis.

Le *libéral* se fit membre de la société *Aide-toi le ciel t'aidera*, et après avoir juré sur le crucifix haine et mort à la royauté (1) renversa, avec les bonapartistes et les démagogues coalisés, le gouvernement paternel des Bourbons.

Le *libéral* couronna *sa comédie de quinze ans* par l'usurpation

---

(1) On sait, écrivait le 15 décembre 1880, M. Berlier de Vauplane dans l'*Association catholique*, on sait comment fut menée la conspiration dirigée contre la Monarchie. La publication des ordonnances (en 1830) n'a été qu'un prétexte : il serait superflu de le démontrer. Et, du reste, pourrait-on bien de nos jours discuter la légalité des ordonnances ? Lorsqu'elles parurent, tout était prêt depuis longtemps. Les ventes s'étaient multipliées partout. On ne pouvait y être affilié, dit le *National* (journal de M. Thiers) du 5 juin 1839, « *sans prêter serment de* « *haine aux Bourbons et à la Royauté*. En quelques lieux même, ce serment était « prononcé sur un crucifix et sur un poignard. »

« Ainsi avaient fait M. Thiers et M. Michel de Bourges. En 1849, ce dernier le rappelait à M. Thiers, dans le quinzième bureau de l'Assemblée nationale : « Tous deux étions en droit ; *nous jurâmes haine à la Monarchie*, avec cette « circonstance assez piquante : M. Thiers tenait le crucifix quand j'ai prêté « serment, et je tenais le même crucifix, quand M. Thiers a juré haine à la « Monarchie. »

« Ces serments ne demeuraient du reste pas à l'état de protestations purement platoniques. Il avait été convenu du temps de la Charbonnerie (sous la Restauration), dit M. Spuller dans une de ses conférences, que *chaque membre de l'association devait avoir un fusil de munition et vingt-cinq cartouches*.

dynastique de Juillet 1830 d'où devait sortir logiquement le socialisme de 1848, le despotisme de 51, l'anarchie de 1871 et la crise actuelle.

Le *Libéral*, pour s'attacher les classes bourgeoises abaissa le cens à deux cents francs, et après avoir assisté au sac de l'archevêché et de Saint-Germain-l'Auxerrois, il ne dédaigna pas, pour sauver son système politique, de foudroyer, avec M. Thiers, dans les rues de Paris et de Lyon, ces mêmes *héros* qui avaient, aux *trois journées glorieuses*, élevé l'édifice de sa fortune.

Le *libéral* qui, malgré l'opposition des royalistes avait, en vertu des fictions constitutionnelles, forcé le roi Charles X à signer, en 1828, les ordonnances de proscription contre les Jésuites et l'enseignement chrétien, le *libéral* qui avait glorifié l'insurrection, fit les lois de septembre contre les royalistes fidèles et contre les logiciens des barricades.

Le *libéral* combattit toujours les idées de réforme électorale en faveur du suffrage universel, soutint le monopole de la réforme des capacités et du cens, combattit la décentralisation administrative, le droit d'association, la liberté d'enseignement, et s'entêta dans le système de l'abaissement continu de la France et de la paix à tout prix, jusqu'au jour ou l'émeute triomphante vint lui apprendre enfin qu'il y avait une justice divine et que l'usurpation de famille avait enfanté le socialisme de 1848.

Le *libéral* a, par ses concessions, conservé la révolution qui le ruine et qui nous tue : concession de drapeau, concession de lois liberticides et de royauté bourgeoise, concession de chartes républicaines et d'idées voltairiennes, concession du système oligarchique, concession sur tout, car l'habileté du libéralisme a toujours consisté à vouloir dominer la Révolution en lui donnant des armes, en lui cédant perpétuellement... Nous verrons la suite plus tard... Nous verrons comment cette école de grands politiques a occupé le pouvoir sans jamais résoudre la question de l'ordre et de la liberté ; comment de palinodies en inconséquences et d'inconséquences en palinodies, eux les habiles, eux les hommes de succès, ils ont échoué en tout, se sont trompés en tout ; comment ils n'ont vu venir ni 1848, ni l'Empire ; comment ils ont favorisé naïvement le plan du coup d'État de 1851, en votant la loi électorale du 31 mai 1850, qui privait de leurs droits près de trois millions de Français, loi qui fut un piège tendu par Napoléon, pour déconsidérer et dépopulariser l'Assemblée nationale, et avoir l'occasion de rétablir le vote universel... Nous dirons tout cela ; nous verrons l'œuvre néfaste des libéraux sous l'Empire et depuis 1870... et nous oserons prononcer ensuite, au nom de la logique et de la morale, et devant l'évidence des faits qui nous épouvantent à cette heure, le jugement de l'histoire.

Nous voici arrivés à l'heure des solutions, au règlement de compte. La Révolution radicale se lève ; elle demande tout : elle est sociale, religieuse, politique, domestique, économique. Elle demande tout : la destruction totale de l'ordre social, de la religion, de l'autorité, de la propriété, de la famille, la destruction de toutes les inégalités sociales.

La révolution radicale est là, menaçant l'Europe civilisée par le christianisme et la monarchie d'un ébranlement total, par la négation nihiliste, par le prolétariat, la dynamite et le pétrole.

En face de cette négation, de ce radicalisme armé, de cette levée de boucliers de l'internationale athée, il ne reste debout, de possible, ayant l'autorité morale du droit et l'adhésion intime de tout ce qui est honnête, que la Royauté française, il ne reste debout que la vertu du Roi...

C'est là que Dieu voulait nous amener : il n'y a plus que deux voies devant nous ; la voie de l'effondrement et la voie du salut.

Il faut donc pour sauver la tradition et le progrès, la religion et la société, l'ordre matériel et moral, la famille et la propriété, il faut au nom de Dieu, au nom du Roi, au nom du peuple, opposer à la Révolution l'affirmation courageuse, souveraine, pratique de toutes les vérités qu'elle nie...

Dieu va rentrer en maître par les événements, et le Roi sans reproche et sans peur règnera en Roi.

LES HABILES

APPEL A LA RAISON PUBLIQUE

PAR G. VÉRAN

La ligne droite est le plus court chemin d'un point à un autre.

PROLÉGOMÈNES

LE DROIT NATIONAL FRANÇAIS ET LE PROGRAMME DU ROI

I

Lettre à Monsieur le comte de Falloux.

Monsieur le Comte,

Dans une étude intitulée *De l'unité nationale,* publiée par vous dans l'*Union de l'Ouest* du 26 novembre 1879, vous avez comme résumé votre pensée doctrinale et historique sur les grandes questions agitées, depuis un siècle, par les hommes d'Etat, les philosophes, les publicistes, par les partis et par les factions. A votre insu, peut-être, vous vous êtes, dans ce travail, livré tout entier. Ecrite par une plume élégante, par un esprit habitué à vivre dans les moyennes hauteurs de la politique et de la morale, cette étude, que je viens de lire attentivement, vous montre à moi absolument tel que je vous ai connu depuis la courte période de votre apparition au pouvoir.

Vous traitez de l'origine et du développement de notre unité nationale que vous considérez dans ses rapports avec la liberté de conscience et des cultes, car il s'agissait pour vous de combattre à ses débuts le système de persécution dirigé par la République contre la liberté de l'enseignement.

Ce point de vue restreint vous a fait négliger l'unité politique et l'unité territoriale de la France, dues comme l'unité religieuse, au travail poursuivi à travers les siècles, par l'union du principe monarchique et du principe chrétien.

Si vous aviez considéré l'unité nationale à ce triple point de vue, il ne vous eût pas été possible, dans votre conclusion, d'inviter comme eût pu le faire M. Thiers et comme le fait M. Jules Simon, d'inviter, dis-je, la République à s'attirer par son respect pour la liberté religieuse, l'appui et l'adhésion des catholiques et des royalistes de France.

Voici le langage que vous tenez aux républicains, aux jacobins persécuteurs :

« Si vous ne trouvez pas assez d'évangile dans les lois et dans les mœurs, mettez-en davantage; mais ne supprimez pas d'abord l'Evangile. Innovez, améliorez sérieusement, réellement, sans rien mutiler et sans garrotter personne. Si nous avons des retardataires parmi nous, stimulez-nous par l'émulation; si nous avons des préjugés, faites-nous-en rougir; si nous avons des injustices, faites-en des ingratitudes; mais pas de proscriptions, pas de calomnies, pas d'insultes! « Baptisez l'héroïne sauvage », comme vous le demandait, en pleine basilique de Rome, le P. Ventura parlant de la démocratie moderne. Prenez ce mot pour programme, et les auxiliaires ne vous manqueront pas. L'unité nationale pourra se refaire aussi solide, et aussi indissoluble que jamais; on pourra répéter la parole des anciens jours : *Justitia et pax osculatæ sunt*; la Justice et la Paix se sont embrassées. La justice ramène la paix; la paix est le salaire de la justice! Mais si vous restez sourds à la voix prudente de quelques-uns de vos amis, si vous restez aveugles devant l'évidence, si le monde civilisé demeure incessamment, persévéramment, comme il l'est aujourd'hui, le point de mire de vos attaques, heureux alors les yeux qui se ferment et les cœurs qui cessent de battre! L'esprit conçoit avec peine quel nom devra porter cette société future. »

C'est là la thèse de l'indifférentisme politique. Vous pensez que la République qui, en France, est une forme de la Révolution, peut se réconcilier avec l'Eglise, sauvegarder la liberté religieuse et préserver l'ordre social de l'anarchie.

Cette erreur fondamentale que je réfute entièrement, DÉFINITIVEMENT, dans le cours de ce livre, m'explique les autres erreurs de votre étude sur l'unité nationale.

Toutes les défaillances de votre intelligence, toutes les fautes de votre vie publique, tous les préjugés de votre école, se retrouvent et devaient se retrouver dans un travail qui touche à l'ensemble de notre vie nationale et à toutes les questions politiques de ce siècle d'expérimentations constituantes et de déceptions libérales.

Contrairement aux dernières et décisives conclusions de la science historique, contrairement au mot profond de Mme de Staël, une de vos amies pourtant, vous paraissez soutenir sous des formes voilées, cette opinion qu'en France, c'est le despotisme qui est ancien et la liberté qui est nouvelle.

Cela peut être vrai en un sens, pour la liberté de conscience et des cultes née du développement de la civilisation chrétienne et des nécesités politiques et sociales, après l'effroyable séparation du XVIe siècle.

Vous affirmez avec raison, que jusqu'à Luther, l'unité nationale se confondit avec l'unité catholique.

Mais ce que vous ne dites pas, c'est que la liberté religieuse était une des libertés du peuple Franc, converti au christianisme et par le christianisme à la fraternité vraie et à l'égalité vraie. D'ailleurs vous reconnaissez, pour la liberté religieuse, que la France a été une grande initiatrice, et cependant, loin de reconnaître que les Francs vainqueurs, en adoptant la religion des vaincus, inaugurèrent la pratique de la liberté des cultes, vous affirmez que *notre civilisation a de mieux en mieux compris et pratiqué les conditions de l'unité moderne, en nous conduisant de l'unité nationale dans la contrainte à l'unité nationale dans la liberté.*

L'unité nationale dans la contrainte... d'abord, à l'origine, puis la liberté, *l'unité moderne* après la révolution... Voilà ce qui ressort de votre étude, malgré les justes éloges que vous adressez à la politique de L'Hospital, d'Henri IV et de Richelieu.

Et cependant, c'est au nom du *droit nouveau* et des *idées modernes* que, depuis près d'un siècle, la Révolution persécute l'Eglise, l'enseignement chrétien et la liberté religieuse. Nous avons vu en fait de tyrannie légale, de monopole et d'arbitraire, en fait de violence et de crimes, ce que la vieille France, en ses mauvais jours, n'avait pas connu.

Parlant de l'Angleterre et de ses progrès dans la voie de la liberté religieuse, vous dites :

« L'Angleterre nous avait devancés et nous a toujours surpassés « *dans la pratique du régime constitutionnel;* pour la liberté religieuse, « nous lui avons donné une leçon dont elle a fini par profiter. »

Voilà l'une des grandes erreurs de votre école. Vous ignorez et vous niez la constitution naturelle de la France, son droit public constitutif montrant au monde, bien avant la conquête de l'Angleterre par les Normands, la France en possession de sa Monarchie héréditaire, de ses municipalités libres, de sa représentation générale, le tout vivifié, fortifié, épuré et perfectionné par le christianisme et le génie civilisateur de la nation, sœur aînée des nations de l'Europe.

Le *régime constitutionnel* de l'Angleterre, Monsieur le comte, est la négation du droit national français. Demandez à Augustin Thierry, il vous apprendra ce qu'il pense des grandes libertés représentatives, de la forte unité monarchique, des franchises communales et provinciales de la France des anciens jours.

Nous n'avons à envier à l'Angleterre que son respect des lois qui lui conviennent; à ce point de vue le protestantisme anglais a pu donner une leçon de patriotisme et de sagesse aux catholiques libéraux de France.

Je dirai peu de l'éloge étrange que votre plume enthousiaste, à propos de la loi de 1850, sur l'enseignement, trace de M. Thiers, l'homme qui avait juré publiquement *qu'il serait toujours du parti de la Révolution.*

Cet éloge du plus funeste de nos hommes d'Etat ne peut être expliqué que par la double erreur qui vous porte à considérer l'Angleterre comme nous ayant révélé la liberté politique et à croire que les régimes de Révolution, Monarchie de Juillet, Empire ou République, peuvent sauvegarder chez nous la liberté religieuse.

Je puis donc l'affirmer, Monsieur le comte, vous appartenez par vos idées, et par vos actes, à l'école du *parlementarisme catholique.* Vous êtes, à ce titre, libéral et royaliste à la mode anglaise, c'est-à-dire que, au point de vue du droit électoral et du droit monarchique, vous ne seriez pas éloigné de dire avec M. Thiers : *Les Fran-*

çais n'ont de droits que ceux que les Chambres leur accordent, et avec les vieux doctrinaires : *le roi règne et ne gouverne pas.* Votre libéralisme catholique, loin de tempérer vos idées politiques est, au contraire, rendu suspect par ces mêmes idées qui ont leur fondement dans la négation de nos traditions nationales.

C'est cette dernière proposition que je me propose de démontrer tout en établissant l'admirable accord entre le programme du Roi accepté par l'unanimité de la presse royaliste et les principes de notre droit national.

Vous pourrez par là, Monsieur le comte, connaître le mal que vous avez fait à la France, à la Royauté, à la liberté, à la religion, en suivant obstinément, depuis trente ans, la voie qui vous a conduits, vous et vos amis, à cette situation essentiellement fausse qui vous porte à prolonger l'exil du Roi sous prétexte de ménager certains préjugés doctrinaires et à pratiquer l'indifférentisme politique, sous prétexte de sauver l'ordre social sans compromettre la religion.

Monsieur le comte, le livre que je publie aujourd'hui, est destiné, dans ma pensée, à fournir les preuves rationnelles et historiques des graves accusations portées par moi, depuis longtemps, devant la raison publique, contre la funeste école que vous personnifiez.

Je vous laisse un instant pour aborder ma thèse dans ses généralités historiques et politiques.

II

Celui qui, comme vous, pour juger la situation actuelle de la France et des partis qui la divisent, fait abstraction des enseignements de notre histoire, s'expose à perdre la foi monarchique et à s'égarer dans cet indifférentisme politique qui cherche à s'établir dans la Révolution pour en combattre les conséquences. Conservateur du mal qui nous tue, ce politique croit juger de haut les hommes de principes en les traitant d'intransigeants et en les accusant de compromettre la cause qu'ils défendent, d'accord avec le Roi et la tradition nationale.

Le travail de la Royauté à travers les siècles pour constituer notre triple unité territoriale, politique et religieuse, a suivi, en s'y conformant et en le soutenant, le grand travail civilisateur du christianisme catholique.

De là vient la nécessité de réunir, comme le font les royalistes à l'exemple du Roi, dans une même défense et dans un même programme d'action, la cause de l'Église, la cause du peuple, la cause de la Royauté.

L'affranchissement graduel du peuple de France est dû à la collaboration des évêques, des papes et de la monarchie française.

Notre histoire est illuminée par cette vérité.

Vous ne l'ignorez pas et vous n'en doutez pas, Monsieur le comte, mais vous agissez, vous et vos amis, comme si vous l'ignoriez, comme si vous en doutiez, lorsque vous vous élevez contre la politique des royalistes qui, depuis un demi-siècle, dans leurs constantes et courageuses revendications, ne séparent jamais, tout en les distinguant, le catholicisme, la monarchie et la liberté, ces trois principes constitutifs de la société française.

Jetez un coup d'œil sur notre histoire. Il s'agit d'abord pour la Royauté, en vue de fonder l'unité française, de substituer l'unité du pouvoir monarchique à l'organisation féodale qui, au détriment de la puissance nationale, divisait la France en une multitude de souverainetés rivales. Trois siècles d'habiles et héroïques efforts ont été consacrés à reconquérir les principes de notre droit public primitif, l'unité du territoire, l'égalité et la liberté politique, l'unité et l'hérédité du pouvoir royal. Vous savez qu'appuyée sur les communes, émancipées par elle, et sur la représentation nationale, issue du suffrage universel *honnêtement pratiqué*, la Monarchie des Etats Généraux a préservé la France de l'hérésie protestante et, grâce à la fidélité des évêques à l'égard de la Royauté et de l'Église romaine, sauvé l'unité religieuse et la foi catholique du peuple Franc.

Ainsi, l'œuvre première de la Royauté est définitivement réalisée sous Louis XVI, par la conquête de l'égalité civile et politique, par la destruction de tous les abus enfantés par la féodalité, les guerres religieuses et la centralisation administrative des derniers règnes. Cette œuvre première est accomplie par l'accord de la Royauté et du peuple français, s'exprimant librement dans les Cahiers des quarante-quatre mille communes, dont les vœux furent sanctionnés par la Déclaration royale.

La lutte contre l'usurpation des Parlements qui voulaient se substituer aux Assemblées politiques, constitue un important épisode de cette histoire de l'œuvre accomplie par nos rois.

La Monarchie représentative qui donne le gouvernement au Roi et l'administration au pays et unit, par la loi faite en commun, l'autorité du prince à la liberté du peuple, cette Monarchie représentative, constitutive parmi nous et que l'ancien régime a malheureusement suspendue dans son action, fut sauvée, dans son principe, sinon dans ses formes, par la puissante politique de Richelieu et de Louis XIV. Le parlementarisme ne put prendre racine dans notre pays, et la France eût évité la révolte de 89 et les crimes de la Révolution, si Louis XIV avait rendu au peuple de France la représentation nationale que les Parlements voulaient usurper.

Je ne rappelle ces faits parfaitement connus de vous que pour vous ramener aux réalités de la situation actuelle de la France et au programme national du noble prince que vous méconnaissez, alors qu'il poursuit le grand travail de ses ancêtres, et que fidèle à la politique des fondateurs de l'unité française, il garde héroïquement le dépôt des principes dont la loi fondamentale du royaume l'a constitué le gardien.

III

La petite et la grande féodalité disparurent donc entièrement avec les abus de l'ancien régime dans le grand mouvement réformiste de 89, que Monseigneur le comte de Chambord a déclaré *vouloir reprendre en lui restituant son vrai caractère.*

Mais, à la faveur de l'usurpation des constituants du Jeu de Paume, une nouvelle violation de la Constitution nationale fit son entrée dans notre histoire contemporaine : la prédominance du Tiers-Etat.

Le mot de Sieyès : *Qu'est-ce que le Tiers-Etat? Rien. Que doit-il être?*

Tout, a ouvert cette période, a inauguré cette déviation nouvelle. L'école anglaise, transportée en France par Necker, d'aristocratique se fit bourgeoise. Le parlementarisme devint la forme politique chère à la bourgeoisie en travail d'usurpation. Elle voulut être tout. Cette usurpation, étouffée par la Terreur et par l'Empire, reparut avec Talleyrand et Decazes, dans les conseils de Louis XVIII, dans la Charte de 1814, dans l'opposition de quinze ans, et enfanta sa révolution propre dans l'usurpation de Juillet.

Après la féodalité nobiliaire, nous avons eu la féodalité bourgeoise ; la domination d'une classe qui avait sa philosophie, ses chaires, ses hommes d'Etat et ses sociétés secrètes, et qui arriva au pouvoir par la trahison, par la violation des droits de la Royauté et des droits du peuple.

Le parlementarisme s'est cru le maître de la société moderne : il a fait son tour d'Europe ; mais il a succombé partout par le fait du sophisme et de l'arbitraire qui lui servent de base.

En Allemagne, il a produit le militarisme ; en Italie, il a produit la révolution unitaire et l'usurpation des Etats de l'Eglise ; en Espagne... l'Espagne ne compte plus... ; en Angleterre, il livre la société au radicalisme qui monte, et il se venge de ses échecs en écrasant l'Irlande ; en France, le parlementarisme a été légué par le 16 Mai au jacobinisme athée qui nous entraîne au fond de l'abîme.

Depuis 1848, l'usurpation bourgeoise et le système parlementaire sont cependant atteints mortellement par la conquête du suffrage universel, dont l'application actuelle est fausse, mais dont le principe est contemporain du berceau des Francs.

Depuis 1848, c'est le tour de la démocratie qui *veut être tout*, grâce à l'usurpation de Juillet 1830, laquelle arrêta les grandes réformes préparées par de Villèle au double point de vue de l'autorité royale et de la représentation nationale.

La démocratie règne et gouverne en faisant et en défaisant nos lois et nos institutions au nom de la souveraineté du peuple.

Tout est logique dans notre histoire : le mouvement de 89 ayant été faussé par la révolte des constituants qui foulèrent aux pieds les mandats impératifs de la nation, l'œuvre nationale de nos rois a été interrompue pendant quatre-vingts ans.

A l'usurpation bourgeoise succède, avec les péripéties de l'Empire et des catastrophes sans nom que nous avons subies, l'usurpation de la démocratie radicale.

IV

La république actuelle résume toutes les négations de la Révolution.

Elle est anti-libérale, elle est anti-nationale, elle est anti-chrétienne. Nous touchons au dernier terme de la négation ; et quand montrant à la France la voie du salut, nous venons nous ranger autour du prince dont le programme est l'affirmation de tous les principes nécessaires, de tous nos droits, de toutes nos libertés, vous nous faites dire par *l'ancien député* que nous compromettons la cause de la liberté religieuse et la cause de la Royauté en posant la question monarchique, en suivant le programme du Roi, en écoutant la voix du devoir et de la logique qui nous crie que pour ramener le culte du principe monarchique dans les esprits et dans les cœurs, il faut montrer la raison de la Monarchie et opposer la tradition à la Révolution, l'affirmation de la vérité totale, politique et religieuse, à la négation totale de tous les principes sociaux, politiques et religieux!...

Vous nous accusez d'être une coterie, nous qui restons fidèles au Roi, à son programme et à son drapeau, nous qui marchons par la propagande et par l'action, alors que vous niez le mouvement pour justifier votre abandon des principes, votre inertie coupable, votre indifférence et vos injustes prétentions!

Ah! Monsieur le comte, je suis sévère; mais interrogez votre conscience sous la parole convaincue d'un écrivain qui connaît bien les partis, les hommes et les choses de ce temps.

Vous avez adhéré publiquement à la République de 1848; vous avez été le ministre du prince Napoléon; vous avez défendu la coalition immorale et funeste de la rue de Poitiers qui a fait l'Fmpire; vous avez soutenu l'union libérale et prêché l'alliance avec les républicains qui devaient triompher au 4 septembre; vous avez, pour faciliter cette coalition libérale, enseigné dans le *Correspondant* qu'il fallait écarter la question dynastique et la question religieuse, — car vous écartez toujours le Roi, et pour vous, depuis trente ans, la Monarchie n'a jamais été opportune; — vous avez conseillé ou approuvé le centre droit et la droite prétendue modérée dans la campagne contre le drapeau blanc et contre le Prince qui voulut, en 1873, sauvegarder la dignité royale et le droit de la nation en refusant de livrer la Monarchie aux orgueilleuses prétentions des ducs; vous avez... mais je m'arrête... la campagne de *l'ancien député* approuvée, glorifiée par votre journal l'*Union de l'Ouest*, en apprend assez à la génération nouvelle sur les habiletés de votre politique.

Eh bien! vous avez fait tout cela et vous venez donner des leçons de royalisme et de libéralisme aux royalistes armés du programme du Roi!

Avouez que votre aveuglement est de ceux que le chemin de Damas des événements ne pourra même pas faire cesser, si Dieu ne vous aide surnaturellement.

Je sais bien qu'il y avait une loi de 1850 sur l'enseignement, loi de transaction dont vous êtes l'auteur; mais votre doctrinarisme parlementaire et votre indifférentisme politique ont porté malheur à cette loi.

Le parlementarisme républicain, produit net de votre politique d'expédients, l'a tuée.

Vous n'aurez pas la consolation de l'offrir à la postérité en compensation de vos erreurs et de vos fautes. La grande loi future de liberté, sanctionnée par le Roi, la remplacera définitivement.

V

Je dois ici, en regard de la conduite politique adoptée par vous, et avant de rappeler les déclarations de Monseigneur le comte de Chambord, je dois résumer les grandes lignes de notre droit national traditionnel, tel qu'il fut consacré solennellement par la nation française en 1789.

Le Droit national français

S'il est vrai que la première race de nos rois eut ses assemblées du Champ-de-Mars ; s'il est vrai que la deuxième race eut ses assemblées du Champ-de-Mai ; s'il est vrai que, dès les premiers temps de la monarchie, la France n'a cessé d'avoir ses municipalités communales et provinciales qui durent au XIIIe siècle leur résurection à la protection et à l'esprit national de nos rois : si, depuis le XIIIe siècle jusqu'à Louis XIV, ces municipalités eurent leurs assemblées périodiques, si, en un mot, il est vrai que dans ces siècles où la royauté unie au peuple des communes, écrasa la féodalité, le vote universel gradué ait été constamment appliqué au point de faire dire au conventionnel Thibeaudeau :

« Depuis le plus petit village jusqu'à la capitale, tous les manants et habitants, de quelque état et condition qu'ils fussent, participaient à l'exercice des droits politiques. Ils avaient le droit de concourir à la rédaction des cahiers..., d'exposer leurs vues et opinions sur toutes les affaires de l'Etat... c'était le suffrage universel libre... On était électeur, éligible, sans aucune condition de propriété, de cens. »

Si tout cela est vrai, il est vrai de dire que la France avait, avant 1789, une Constitution dont les principes méconnus pour la plupart, depuis un siècle et demi, ne demandaient qu'à être rappelés et consacrés pour réduire à néant l'ancien régime et ses abus.

Or ces principes, ces lois fondamentales de la Monarchie furent, en 1789, rappelés et consacrés par la nation tout entière d'accord avec la royauté.

Ainsi l'hérédité royale et la représentation nationale, le concours de la royauté et de la nation pour la confection des lois, le consentement de l'impôt par ceux qui le paient, la religion catholique professée par la généralité des Français, les franchises municipales et les libertés provinciales, l'unité politique et la décentralisation administrative, telle est la constitution naturelle de la France. Cette constitution se retrouve à l'état de développement dans tout le cours de son histoire, malgré les longues interruptions de la féodalité, les guerres civiles et religieuses du XVIe siècle, malgré le régime absolu qui, des Etats de 1614, embrasse les règnes de Louis XIII, de Louis XIV, de Louis XV, et finit à la convocation de la nation par Louis XVI. Telle est cette Constitution, tels sont les principes que la France consultée par Louis XVI consigna dans ses immortels cahiers de 1789 et dont voici le résumé lu à l'Assemblée nationale par M. de Clermont-Tonnerre :

« 1° LE GOUVERNEMENT MONARCHIQUE, L'INVIOLABILITÉ DE LA PERSONNE SACRÉE DU ROI ET L'HÉRÉDITÉ DE LA COURONNE DE MALE EN MALE sont également reconnus et consacrés par le plus grand nombre de cahiers et ne sont mis en question par aucun ;

« 2° Le roi est également reconnu COMME DÉPOSITAIRE DE TOUTE LA PLÉNITUDE DU POUVOIR EXÉCUTIF ;

« 3° LA RESPONSABILITÉ DE TOUS LES AGENTS DE L'AUTORITÉ EST RÉCLAMÉE GÉNÉRALEMENT ;

« 4° Quant au pouvoir législatif, la pluralité des cahiers le reconnaît comme RÉSIDANT DANS LA REPRÉSENTATION NATIONALE, SOUS LA CLAUSE DE LA SANCTION ROYALE, et il paraît que cette maxime ancienne des Capitulaires, *lex fit consensu populi et constitutione regis*, est presque généralement consacrée par vos commettants.

« Quant à la durée, le plus grand nombre a demandé la périodicité des Etats généraux, et il a voulu que ce retour périodique ne dépendît ni des intérêts ni de la volonté des dépositaires de l'autorité.

« LA NÉCESSITÉ DU CONSENTEMENT NATIONAL A L'IMPOT EST ÉTABLIE PAR TOUS LES CAHIERS.

« Quant aux corps administratifs ou Etats provinciaux, tous les cahiers vous demandent leur établissement.

« Enfin les droits des citoyens, *la liberté, la propriété, sont réclamés par toute la nation française. Elle réclame pour chacun de ses membres l'inviolabilité des propriétés particulières, comme elle réclame pour elle-même l'inviolabilité de la propriété publique.*

« Elle réclame dans toute son étendue *la liberté individuelle, la liberté de la presse*, etc. »

Ajoutons que l'accord de la royauté et de la nation entière se manifesta à cette grande époque : Louis XVI, dans son admirable et solennelle *déclaration* du 23 juin 1789, avait adhéré, en les confirmant, à tous les principes d'ordre et de liberté proclamés par la nation.

Terminons en reproduisant l'opinion d'un homme dont les amis du progrès et de la liberté ne récuseront pas la juste autorité.

Dans son discours de réception à l'Académie française, le R. P. Gratry s'exprimait ainsi sur le mouvement réformiste de 1789 :

« Au sein de la paix, de l'union, de la gloire, la plus puissante nation du monde alors est appelée par le plus légitime des pouvoirs à délibérer sur la réforme de ses institutions.

« Quarante mille groupes de citoyens, pendant trois mois, dans toutes les provinces, délibèrent et travaillent avec une admirable intelligence et un admirable dévouement, à poser et à justifier, par écrit, tous leurs vœux. Ces millions de chartres sont apportées au centre, par l'Assemblée la plus illustre et la plus généreuse. Cette assemblée dépouille ces cahiers, y cherche les principes SUR LESQUELS TOUTE LA FRANCE N'A QU'UNE VOIX, et proclame en séance publique cet authentique résumé de la volonté nationale, ces articles de l'unanimité, inconnus aujourd'hui, et qui s'appellent les principes de 89 : principes de tradition et de raison, d'ordre et de liberté, de progrès et de légitimité, le plus solide fondement qui fut jamais du droit positif d'une nation, car, entendons-nous bien, je ne connais d'autres principes de 89 que les principes *voulus par tous nos pères, proclamés par tous les cahiers*, et déclarés, dès le premier jour, *articles d'unanimité* dans l'Assemblée constituante. C'est là NOTRE DROIT PUBLIC POUR TOUJOURS, droit conforme à la loi morale éternelle et à l'esprit de l'Evangile, *justifié par la science, décrété par toute la nation*, et qui, nettement dégagé de ce qu'y voulaient ajouter les sophistes et les rhéteurs, subsiste écrit par la main de la France entière. »

Tel fut ce grand mouvement de réforme dont le comte de Chambord a dit *qu'il faut le reprendre en lui restituant son véritable caractère* au point où la Révolution l'a faussé.

Toutes les déclarations de Monsieur le comte de Chambord, comme celles de la presse légitimiste de Paris et de province, sont entièrement conformes, depuis 1830, à ces grands principes de notre droit public proclamés par les cahiers de 1789.

VI

Le Programme du Roi.

LE PRINCIPE MONARCHIQUE.

Le droit monarchique est le patrimoine de la nation. (*Manifeste du 5 juillet* 1871.)

Je regarde les droits que je tiens de ma naissance comme appartenant à la France. (*Au baron* HYDE DE NEUVILLE, 5 *février* 1844.)

La République inquiète les intérêts autant que les consciences. Elle ne peut être qu'un provisoire plus ou moins prolongé. La Monarchie seule peut donner la vraie liberté, et n'a pas besoin de se dire conservatrice pour rassurer les honnêtes gens. (15 *octobre* 1872.)

Mais nous avons ensemble une grande œuvre à accomplir. Je suis prêt, tout prêt à l'entreprendre quand on le voudra, dès demain, dès ce soir, dès ce moment. C'est pourquoi je veux rester tout entier ce que je suis. Amoindri aujourd'hui, je serais impuissant demain.

Il ne s'agit de rien moins que de constituer sur ses bases naturelles une société profondément troublée, d'assurer avec énergie le règne de la loi, de faire renaître la prospérité au dedans, de contracter au dehors des alliances durables, et surtout de ne pas craindre d'employer la force au service de l'ordre et de la justice . . . .

Ma personne n'est rien, mon principe est tout. (27 *octobre* 1873, LETTRE A M. CHESNELONG.)

J'ai hautement manifesté ma conviction, que le bonheur de la France ne pouvait être assuré que par l'alliance sincère des principes monarchiques avec les libertés publiques. (*Au vicomte* DE SAINT-PRIEST, 28 *janvier* 1848.)

Par une inébranlable fidélité à ma foi et à mon drapeau, c'est l'honneur même de la France et son glorieux passé que je défends, c'est son avenir que je prépare. (29 *janvier* 1872.)

On me demande aujourd'hui le sacrifice de mon honneur. Que puis-je répondre? sinon que je ne rétracte rien, que je ne retranche rien de mes précédentes déclarations. Les prétentions de la veille me donnent la mesure des exigences du lendemain, et je ne puis consentir à inaugurer un règne réparateur et fort par un acte de faiblesse. (27 *octobre* 1873. LETTRE A M. CHESNELONG.)

« JE N'ABDIQUERAI JAMAIS.

« Je ne laisserai pas porter atteinte, après l'avoir conservé intact pendant quarante années, au principe monarchique, patrimoine de la France, dernier espoir de sa grandeur et de ses libertés. (29 *janvier* 1872.)

REPRÉSENTATION NATIONALE

Ce que je demande, c'est de présider aux destinées du pays, en soumettant avec confiance les actes du gouvernement au sérieux contrôle des représentants librement élus. (A M**, 8 *mai* 1871.)

Nous donnerons pour garantie à ces libertés publiques auxquelles tout peuple chrétien a droit, le contrôle de deux Chambres. (*Manifeste* DE CHAMBORD, 5 *juillet* 1871.)

Dieu aidant, nous *fonderons ensemble, quand vous le voudrez*, un gouvernement conforme aux besoins du pays. (*Manifeste* DE CHAMBORD.)

La Monarchie chrétienne et française est dans son essence même une Monarchie tempérée, qui n'a rien à emprunter à ces gouvernements d'aventure qui promettent l'âge d'or et conduisent aux abîmes.

Cette monarchie tempérée comporte l'existence de deux Chambres, dont l'une est nommée par le Souverain, dans des catégories déterminées, et l'autre par la Nation, selon le mode de suffrage réglé par la loi.

Où trouver ici la place de l'arbitraire ?

Le jour où, vous et moi, nous pourrons, face à face, traiter ensemble des intérêts de la France, vous apprendrez comment l'union du Peuple et du Roi a permis à la Monarchie française de déjouer, pendant tant de siècles, les calculs de ceux qui ne luttent contre le Roi que pour dominer le Peuple.

Il n'est pas vrai de dire que ma politique soit en désaccord avec les aspirations du pays.

Je veux un pouvoir réparateur et fort ; la France ne le veut pas moins que moi. Son intérêt l'y porte, son instinct le réclame.

On recherche des alliances sérieuses et durables : tout le monde comprend que la Monarchie traditionnelle peut seule nous les donner.

Je veux trouver dans les représentants de la Nation des auxiliaires vigilants pour l'examen des questions soumises à leur contrôle ; mais je ne veux pas de ces luttes stériles de Parlement d'où le Souverain sort, trop souvent, impuissant et affaibli ; et si je repousse la formule d'importation étrangère, que répudient toutes nos traditions nationales, avec son Roi qui règne et qui ne gouverne pas, là encore je me sens en communauté parfaite avec les désirs de l'immense majorité, qui ne comprend rien à ces fictions, qui est fatiguée de ces mensonges. (2 *juillet* 1874.)

DROIT ÉLECTORAL

Nous donnerons pour garantie à ces libertés publiques, auxquelles tout peuple chrétien a droit, le suffrage universel honnêtement pratiqué. (*Manifeste* 5 *juillet* 1871.)

ÉGALITÉ DEVANT LA LOI

Je ne veux pas être le Roi d'une classe ni d'un parti, mais le Roi de tous. (*Au général* DONADIEU, 26 *août* 1844.)

RAPPORTS DE L'ÉGLISE ET DE L'ÉTAT

Nul doute que je ne sois disposé à laisser à l'Église la liberté qui lui appartient. Mais, de leur côté, les évêques et tous les membres du clergé ne sauraient éviter avec trop de soin de mêler la politique à l'exercice de leur ministère sacré, dans les affaires qui sont du ressort de l'autorité temporelle. (*A M...*, 29 *mai* 1857.)

Pleine liberté de l'Église dans les choses spirituelles, indépendance souveraine de l'État dans les choses temporelles, parfait accord de l'une et de l'autre dans les questions mixtes, tels sont les principes qui doivent aujourd'hui régler les rapports des deux puissances. (*A M.* DE CHERRIER, *membre de l'Académie des Inscriptions et Belles-Lettres,* 26 *mars* 1859.)

LIBERTÉ INDIVIDUELLE

Vous savez ce que je pense de la liberté individuelle et des garanties que le sentiment public réclame contre l'arbitraire. C'est surtout dans le respect des lois, dans l'honnêteté et la moralité des dépositaires du pouvoir, que sont les garanties de ce droit essentiel. (*A M...*, 1er *juin* 1855.)

LIBERTÉ D'ENSEIGNEMENT

Je m'associe à la lutte persévérante des catholiques de tous les partis en faveur de la liberté de l'enseignement, qui ne devrait avoir d'autres limites que l'autorité tutélaire dont un sage gouvernement ne saurait se départir, dans l'intérêt de la société. (*Au vicomte* DE SAINT-PRIEST.)

PROLÉTARIAT

Quant aux associations ouvrières, en se formant dans les idées d'ordre, de moralité, d'assistance mutuelle, elles constitueront des intérêts collectifs sérieux qui auront droit à être représentés. (*A M...*, 12 *juin* 1855.)

Il faut rendre aux ouvriers le droit de se concerter, en conciliant ce droit avec les impérieuses nécessités de la paix publique. Il est naturel qu'ils se forment en syndicats de patrons pour régler à l'amiable les différents relatifs au travail et au salaire. Toute réunion devra être accessible aux agents du pouvoir. (*Lettre sur les ouvriers,* 20 *avril* 1855.)

DÉCENTRALISATION

Décentraliser l'administration largement mais progresssivement et avec prudence, ce serait déjà un grand bienfait pour le pays. Mais, même sur le terrain social et politique, la décentralisation ne produirait pas de moins précieux avantages. Elle peut créer les mœurs politiques. En appelant tous les Français à s'occuper de leurs intérêts, dans leur commune, leur canton, leur département, on verra se former un personnel qui, à l'indépendance, joindra l'expérience pratique des affaires. (*Lettre sur la décentralisation,* 14 *novembre* 1862.)

POLITIQUE GÉNÉRALE

Je comprends les conditions que le temps et les événements ont faites à la société actuelle. Je reconnais ces intérêts nouveaux. (*Au duc* DE NOAILLES, 5 *octobre* 1848.)

L'égalité devant la loi, la liberté de conscience, le libre accès pour tous les mérites à tous les emplois, à tous les honneurs, me sont chers comme à vous. (*A* BERRYER, *Venise,* 23 *juin* 1851.)

Exclusion de tout arbitraire, le règne et le respect des lois; l'honnêteté et le droit partout; le pays sincèrement représenté, votant l'impôt et concourant à la confection des lois; les dépenses sincèrement contrôlées; la propriété, la liberté individuelle et religieuse inviolables et sacrées, l'administration communale et départementale sagement et progressivement décentralisée, le libre accès pour tous aux honneurs et avantages sociaux; telles sont les véritables garanties d'un bon gouvernement. (*Au duc* DE LEVIS, 12 *mars* 1856.)

Un pouvoir fondé sur l'hérédité monarchique, le gouvernement représentatif dans sa puissante vitalité, les dépenses publiques sérieusement contrôlées, le règne des lois, le libre accès de chacun aux emplois et aux honneurs, la liberté religieuse et les libertés civiles consacrées, l'administration intérieure dégagée des entraves d'une centralisation excessive, la propriété foncière rendue à la vie et à l'indépendance par la diminution des charges qui pèsent sur elle; l'agriculture, le commerce, l'industrie encouragés; et au-dessus de tout cela, une grande chose, L'HONNÊTETÉ. (*Au vicomte* SAINT-PRIEST, 9 *décembre* 1866.)

JE NE RÉTRACTE RIEN, JE NE RETRANCHE RIEN DE MES PRÉCÉDENTES DÉCLARATIONS. (*Lettre à* M. CHESNELONG, *27 octobre 1873.*)

HENRI.

VII

Conclusion.

L'Europe peut voir que Monseigneur le comte de Chambord se conforme admirablement par son programme au plan de la Royauté traditionnelle et à la pensée de ce XIXe siècle qui a pour mission de reconstituer l'unité politique et religieuse de la France.

Le comte de Chambord ne veut du règne absolu d'aucune classe, il ne veut pas être le roi d'un parti, il veut réconcilier tous les Français sur le terrain de la grande réforme nationale entreprise par Louis XVI et interrompue par la Révolution.

La démocratie reprendra son rang, et rentrera dans ses droits légitimes sous l'influence tutélaire du principe chrétien et du principe monarchique. Ce ne sera ni la féodalité, ni la théocratie, ni le parlementarisme, ni la démocratie souveraine, mais la nation unie, réconciliée, et reprenant, dans l'accomplissement de ses devoirs et l'exercice de ses droits, sa mission providentielle au milieu des peuples de l'Europe, respectueux de la grandeur française restaurée par la Royauté.

Nous avons cette foi et cet espoir au cœur; vous ne les avez pas, vous, Monsieur le comte; voilà pourquoi vous condamnez l'action monarchique; voilà pourquoi vous espérez sauver la société, dans le cataclysme qui nous menace, par la seule puissance de votre politique d'expédients qui, tenue d'être habile, ne compte pas un succès depuis trente ans.

Nous savons mieux que *l'ancien député* qu'il ne suffit pas de crier: *Vive le Roi!* pour ramener la Royauté; c'est pourquoi, par notre propagande incessante, par la voie de nos conférences doctrinales ou historiques et par la parole vaillante de nos cent journaux royalistes, nous répandons, au milieu de votre silence et de votre inertie, les enseignements que nous devons au peuple : Dieu bénira nos efforts.

Nous ne sommes pas des athées politiques ; nous croyons à la puissance souveraine des principes que nous défendons et qui sont des volontés de Dieu, auteur de l'ordre social.

Notre persévérante fidélité n'a pas d'autre cause.

Nous triompherons avec le Roi, avec le peuple, par le peuple et par le Roi.....

Mais, vous, qu'aurez-vous fait pour éclairer les esprits et préparer les solutions ?

Un jour, en visitant la basilique qui couronne si majestueusement la merveille du mont Saint-Michel, je méditais sur les vérités que j'expose en ces lignes rapides et sur les questions qui nous divisent, me répétant ces paroles d'un maître penseur : *Pour vaincre la Révolution, il faut la dominer*... comme le sanctuaire de Saint-Michel domine les flots de l'Océan, comme l'Archange lui-même dominait le prince de l'abîme en le frappant de haut en bas...

Henri de France, né le jour de la fête de l'Archange, ne doit rien à la Révolution, n'a rien de commun avec la Révolution ; il a le droit, il aura la force, et, soldat de Dieu, il vaincra la Révolution et sauvera la France.

Veuillez, Monsieur le comte, agréer, etc.

G. VÉRAN,

Directeur de l'*Étoile*.

LIVRE PREMIER

DE L'UNION DE LA POLITIQUE ET DE LA RELIGION

AVANT-PROPOS

Le Pape et le Roi.

« A cet égard, l'Église catholique, dont Nous avons la direction, adhérant expressément aux préceptes et aux exemples de Jésus-Christ, son fondateur, enseigne qu'il faut rendre *à Dieu ce qui est à Dieu* et *à César ce qui est à César ;* c'est pourquoi pendant qu'*elle proclame ouvertement* que *le pouvoir public des gouvernants est entièrement indépendant dans les choses humaines et l'administration des affaires civiles pour le bien commun*, elle revendique pour elle un *pouvoir de pleine liberté et indépendance dans les choses qui regardent le salut éternel des âmes.* Et pour les choses qui sont de droit commun, elle tient que le meilleur moyen d'accorder le pouvoir religieux et le pouvoir politique, *c'est de les unir par un lien d'amitié et une concorde mutuelle.*

« Par où il appert combien téméraires et injustes sont ceux qui n'hésitent pas à dénoncer l'Église *comme voulant envahir les droits d'autrui et arracher quoi que ce soit au pouvoir des princes.* »

(Léon XIII, discours aux catholiques allemands, 27 mai 1881.)

« Pleine liberté de l'Église dans les choses spirituelles, indépendance souveraine de l'État dans les choses temporelles, parfait accord de l'un et de l'autre dans les questions mixtes, tels sont les principes qui, au sein des sociétés chrétiennes, doivent, aujourd'hui plus que jamais, régler les affaires des deux puissances pour le bien de la religion et le bonheur des peuples. »

(Henri V, 24 mars 1859.)

La souveraine parole du Chef de l'Eglise a résolu l'un des grands points de doctrine agités par les sociétés modernes, et cette solution destinée à faciliter le triomphe de l'Eglise dans le cœur des peuples séparés d'Elle, est conforme à la doctrine traditionnelle de la Monarchie française, proclamée, il y a vingt-quatre ans, par le Roi de France exilé.

Glorifions-nous, car voilà, sortie de la bouche de Léon XIII, *la vérité qui nous rendra libres.*

CHAPITRE PREMIER.

L'ORIGINE DU DÉBAT.

I

Dans trois articles, publiés en avril 1881, sur la *Politique et le Clergé*, l'*Union de l'Ouest* essaya de prouver : 1° que l'*union trop intime du trône et de l'autel*, sous la Restauration, a produit cette réaction antireligieuse et ces haines politiques qui ont compromis, en 1830, et la cause monarchique et la cause religieuse ; 2° que la neutralité du clergé, son indifférence systématique à l'égard de la question gouvernementale, après le régime de 1830, a eu pour conséquence un prétendu apaisement des dissensions religieuses et le triomphe définitif de la liberté d'enseignement.

Nous citons :

« Sous la Restauration, l'Église est en butte aux plus violentes attaques et le clergé profondément impopulaire. Pourquoi ?

« Sous le Gouvernement de Juillet, dès 1835, une réaction s'opère, réaction presque insensible, presque invisible d'abord, mais qui grandit, grandit sans cesse et donne peu à peu à l'Église et au clergé tant de nouveaux alliés, de nouveaux amis et de nouveaux défenseurs, qu'au moment de la chute de Louis-Philippe l'accord est fait sur le principe de la liberté d'enseignement. Pourquoi ?

« Sous la Restauration, *le clergé eût vainement réclamé la liberté d'enseignement, jamais il ne l'aurait obtenue*. Pourquoi ?

« Sous le gouvernement de Juillet, il l'a réclamée avec une persistance et une énergie invincibles, et cela au milieu des sympathies croissantes de l'opinion publique. Pourquoi ? »

La réponse à ces *pourquoi ?* que nous donne l'auteur anonyme indique, chez cet écrivain, ou l'extinction totale de la foi et de la raison monarchiques, ou bien le plus déplorable oubli des éléments de la science politique, de la philosophie de notre histoire, de l'esprit de la Révolution et de l'histoire contemporaine des partis.

Tout ce qui condamne la thèse de l'auteur est ignoré ou passé par lui sous silence. Nous aurons à l'établir plus tard ; nous ne voulons aujourd'hui que résumer la thèse de nos contradicteurs.

L'auteur anonyme débute de façon à nous montrer le peu de cas qu'il fait du sens des mots, des convenances du langage, bonne préface au sophisme qui circule dans les trois articles. L'*Union de l'Ouest* nous parle, en termes peu orthodoxes, de l'*erreur* de l'Eglise. S'appropriant les paroles d'un économiste célèbre qui n'a jamais passé pour un politique, ni pour un théologien, l'auteur des articles nous dit que l'*Eglise a été ambitieuse et intolérante*, ce qui causa, au XVIIIe siècle, *l'essor du scepticisme* qui produisit la réaction révolutionnaire contre l'*intolérance et l'action politique du clergé*.

Nous n'avons pas à faire remarquer ici cette singulière confusion entre l'Eglise et le clergé. D'autre part, sans nier, loin de là, les abus de l'ancien régime, nous ne voyons pas comment on peut établir une similitude entre la situation du clergé avant la Révolution et celle que lui fit l'ordre de choses qui suivit le rétablissement du culte au début du siècle et la restauration de 1815. Nous ajouterons que le moment nous paraît mal choisi pour venir mêler à la guerre de passions, de haines et de préjugés faite à l'Eglise par les pouvoirs publics, par la presse révolutionnaire des deux mondes, pour venir mêler, disons-nous, la vieille accusation d'intolérance qui fut l'arme des philosophes dont la tolérance aboutit au régime de l'échafaud.....

Il paraît que pour édifier le sophisme qui tend à séparer la religion de la politique, le clergé de la Monarchie légitime, tous les moyens sont bons, toutes les alliances utiles et glorieuses !

L'*Union de l'Ouest* poursuit le développement de son système historique. Après la révolution de Juillet, causée uniquement, paraît-il, par les fautes du clergé et des royalistes, après cette révolution qui brisa le trône et l'autel, une réaction religieuse s'opère dans les esprits les plus prévenus, et pousse la jeunesse incroyante au pied de la chaire de Notre-Dame de Paris.

Qu'est-ce donc qui a pu opérer ce miracle? L'indifférence politique du clergé... Suivant l'auteur anonyme, le clergé français s'éloignant de la légitimité royale, ramena à lui les voltairiens endurcis.

L'auteur anonyme a jugé cette attitude du clergé endoctriné par Lamennais tellement féconde en 1835, qu'il veut l'y ramener en 1881.

Il engage le clergé à bénir, comme en 1848, l'arbre de la liberté républicaine.

Et voilà la profondeur d'esprit et le dévouement monarchique des habiles qui ont voulu gouverner la France et le Roi sous une monarchie tricolore !

Évidemment la Révolution les tient et le Roi les a bien jugés.

L'auteur anonyme se met à l'aise dans les longues citations d'un écrivain appartenant au libéralisme doctrinaire et nourri d'une philosophie quelque peu superficielle.

Ce sont de petits faits bien préparés, bien alignés, qui font comme une interminable série de petites considérations, de petites causes, de petites vérités bourgeoises, par lesquelles on espère voiler, aux yeux des lecteurs de bonne foi, les grandes vérités politiques, sociales et religieuses qui sont comme la sève de notre génie national.

Enfin, selon l'auteur anonyme, le mouvement religieux causé par le retour du clergé à la *prudence* se propage parmi les libéraux et aboutit... à la loi de 1850...

On l'a dit enfin : voilà l'apologie d'un homme !

Qu'importent cinquante ans d'exil du petit-fils de saint Louis? Qu'importe le martyre de la Royauté légitime et de la Papauté? Qu'importent les ruines de la patrie, le règne de Juillet, le socialisme de 1848, les journées de Juin, le massacre des archevêques et des généraux, le coup d'Etat de 1851, la persécution dirigée par l'empire contre l'Eglise, la guerre, l'invasion et la Commune?

Tout cela n'est rien, tout cela disparaît devant ce fait : le clergé devenu sceptique en politique attira à lui les libéraux et leur fit voter la loi de 1850 sur la liberté de l'enseignement secondaire...

Ce fait domine l'histoire du siècle et du monde !...

C'est l'apologie d'un homme qu'on nous fait !

Il est vrai que M. Thiers a dit que *la loi de 1850 a sauvé l'université*; que les événements récents ont justifié cette parole de M. Thiers ; que la loi de 1850 fut une loi de transaction, et que le triomphe de l'indifférentisme politique, perpétuant l'état de révolution, a finalement ramené le triomphe du monopole universitaire. Qu'importe ! si l'école qui nous calomnie est convaincue qu'en écartant de son programme politique l'union traditionnelle de la religion et de la monarchie, elle n'a cessé de servir la cause de la religion et de la royauté.

L'écrivain anonyme qui se prétend royaliste nous a affirmé que sous la Restauration *jamais* le clergé n'eût obtenu la liberté d'enseignement !

L'homme d'Etat de 1850 n'avait pas encore paru !

L'écrivain de l'*Union de l'Ouest* a soin de ne pas rappeler que ce sont les libéraux ses amis, et non les royalistes, qui provoquèrent, en 1828, l'ordonnance contre les jésuites et contre la liberté d'enseignement,

Mais l'*Union de l'Ouest* ne connaît que les *erreurs* de l'Église et de la Royauté.

Comparant la Révolution de 1848 avec la Révolution de juillet 1830, l'auteur anonyme nous dit :

« Non seulement rien ne se ressemble, mais l'on dirait que 1848 s'applique à faire tout le contraire de ce qu'a fait 1830. Le vainqueur de 1830 insulte et bafoue le clergé. Le vainqueur de 1848 l'entoure de prévenances et d'égards. En 1830, on renverse les croix, on prend d'assaut et on démolit l'archevêché de Paris, on crie : « A bas les prêtres ! » En 1848, on leur demande de bénir les arbres de la liberté. »

La République de 1848 a eu toutes les vertus. Il n'y avait rien de caché sous les fleurs que le gouvernement provisoire répandait, avec les circulaires de M. Ledru-Rollin et de Mme Georges Sand, sur le gouffre du socialisme athée. Ce dithyrambe nous rappelle certaine lettre historique que nous reproduirons bientôt.

Donc, tout va bien en 1848 ; il est vrai qu'on a soin de ne pas nous dire si la religion, la famille et la propriété ont été sauvées ! Si la France a grandi et prospéré, si le socialisme est vaincu, si la Révolution s'est prosternée, soumise et convertie, devant l'Eglise... Mais peu s'en faut qu'on ne nous dise que tout cela eût été sauvé, si tel ministre du prince président de la République n'avait pas été interrompu, dans son œuvre d'indifférence politique, par la maladie ou les événements de 1851.

Le système historique et doctrinal de l'auteur anonyme se poursuit. Cet auteur affirme encore et toujours que tout devait aller pour le mieux, en France et en Europe, par suite de *l'attitude libérale et indépendante prise par les catholiques français sous le régime de Juillet.*

Cependant l'*Empire est fait...* On ne nous dit pas par qui et comment. On rappelle bien la légende napoléonienne qui séduisit les masses ; on nous parle des promesses de César et de la faiblesse du clergé qui crut à ces promesses...

Mais l'auteur ne voit pas que sa thèse croule encore ici : Le clergé, devenu depuis 1835 indifférent en politique, crut à la parole de César... L'Empire s'établit par le triomphe des idées que défend l'*Union de l'Ouest...*

Ceux qui avaient semé l'oubli des principes ont recueilli le despotisme césarien et l'anarchie démagogique... Passons.

Le clergé resta fidèle à César, nous résumons l'auteur anonyme, jusqu'à la guerre d'Italie, jusqu'à la chute du pouvoir temporel...

L'auteur est dur pour le clergé à qui l'exemple de l'oubli des principes de légitimité avait été donné par le ministre *prudent* de 1850.

Pauvre clergé, accusé d'être logique et de se conformer aux doctrines du journal l'*Avenir* et aux idées de MM. de Montalembert et de Falloux !...

Ce clergé, si molesté par l'auteur, et qui aurait dû *se souvenir et prévoir ;* ce clergé s'est *souvenu*, en 1851, qu'on lui avait enseigné, pendant vingt ans, que la question de légitimité politique importait peu, et qu'on pouvait sauver la société, la religion et la liberté sous tous les régimes.

Plus tard, en 1869, M. de Falloux devait exciter les catholiques à se coaliser avec les républicains en écartant du programme électoral la question dynastique et la queston religieuse, afin de reconquérir les libertés perdues !...

Le clergé ne pouvait pas *prévoir* cette étrange logique de ses maîtres, les chefs de l'ancien parti catholique.

Si l'auteur essaye ensuite de faire l'apologie du clergé actuel, c'est pour le flatter et le conduire tout doucement aux idées de 1835, à l'acceptation du fait accompli, afin de sauver la liberté religieuse si bien conservée par les régimes de révolution !

Ainsi, reconquérir au culte des expédients les catholiques et le clergé ramenés par les événements au culte des principes, tel serait donc le rêve de l'*Union de l'Ouest !*

II

L'organe de M. de Falloux ne discute pas franchement, directement, scientifiquement ; savez-vous pourquoi? Parce qu'il faudrait préciser ses opinions et ses doctrines.

La pénombre des *à peu près*, le crépuscule de l'anonyme et des faux-fuyants, les allusions, l'ironie et quelquefois le sarcasme lui font une retraite nécessaire à la défense détournée de sa politique d'expédients. Elle suit le temps, la circonstance, l'occasion ; s'il lui est jamais arrivé de s'occuper des principes, ce n'a pas été pour les servir, mais pour s'en servir. L'opportunisme politique et religieux n'a pas de plus fervent adepte.

Dans la querelle qu'elle souleva à propos des discours de MM. de Mun et Lucien Brun, l'*Union de l'Ouest* visa surtout la lettre du Roi... Mais elle ne l'a pas dit, et tout le monde l'a vu.

Quant à nous, on sait ce que nous pensons de la ligne politique préconisée par ces orateurs royalistes et si loyalement recommandée par les lettres du Roi... Il nous sera facile de prouver que cette ligne politique ne fait qu'appliquer les principes que nous défendons chaque jour contre les attaques des ennemis de Dieu et du Roi, des hypocrites de l'ordre et de la liberté : c'est-à-dire la doctrine légitimiste, les lois fondamentales de la France, le catholicisme, le droit monarchique et la liberté nationale.

Pour nous, la politique est une science complète, positive, fondée sur la morale chrétienne, sur la raison et la tradition.

Nous croyons que les *principes* qui ont été les *commencements* de la France, sont les seules conditions logiques de l'existence, du développement progressif et de la grandeur de notre patrie. Nous sommes absolument convaincu que, en dehors du catholicisme, de la monarchie légitime et de la liberté nationale, il n'y a pour la France ni repos, ni sécurité, ni présent, ni avenir.

Mais pour l'*Union de l'Ouest* et ses écrivains anonymes, il n'y a rien de certain. Ces politiques croient que la France peut rester catholique en se jetant hors de sa voix traditionnelle pour se livrer aux régimes issus de la Révolution; pour l'*Union de l'Ouest*, le rétablissement du droit monarchique n'est pas une condition nécessaire de l'ordre, puisque, selon la doctrine des expédients, l'ordre peut être garanti par les pouvoirs de fait. Pour l'*Union de l'Ouest* le droit passe avant le devoir; elle tient cela de sa condescendance pour la Révolution; et quand nous disons que, pour l'*Union de l'Ouest*, le droit passe avant le devoir, nous en offrons la preuve dans ce fait que les patrons de l'*Union de l'Ouest* veulent conquérir la liberté religieuse avant d'avoir restauré le principe d'autorité, le principe d'ordre..., oubliant ces paroles sacrées : « Cherchez d'abord le royaume de Dieu et sa *justice*, et le reste vous sera donné par surcroît. »

Pour nous, nous proclamons cette vérité, dure à dire peut-être, mais nécessaire, divinement, souverainement nécessaire : « Il faut que le peuple fasse son devoir s'il veut jouir de ses droits. »

Quel est le premier devoir du peuple en état de Révolution?...

C'est de rentrer dans l'ordre, en reconnaissant la loi d'autorité, violée par la Révolution. C'était l'opinion de Mirabeau.

En 1871, le peuple de France a fait son devoir; il a manifesté sa volonté de restaurer l'autorité traditionnelle, en nommant une majorité monarchique.

L'union conservatrice prônée par M. Thiers et les amis de l'*Union de l'Ouest* a faussé le mouvement et rejeté la France dans les expédients qui la tuent.

Les intermédiaires, les hommes du milieu, les politiques de la pénombre, les habiles et les prudents, foulant aux pieds le mandat moral de la nation, se sont livrés à M. Thiers, qui nous a livrés à la République légale, laquelle nous livre au jacobinisme athée!

La France a fait son devoir avant d'être enchaînée dans la légalité révolutionnaire; Dieu sauvera la France, mais les orgueilleux et les *prudents* seront punis.

Ne nous écartons pas de la question : nous traitons ici des principes méconnus, méprisés par les catholiques parlementaires.

La thèse de ces meneurs aboutit à la séparation de l'Eglise et de l'Etat... L'incrédulité jacobine se plaît à louer la sagesse de leurs conseils. Cela se conçoit.

La feuille de M. de Falloux, combattant l'union du trône et de l'autel, reprend pour son compte les vieilles querelles du libéralisme; elle ne sait ce qu'elle dit ni ce qu'elle veut. De deux choses l'une, elle veut la séparation de l'Eglise et de l'État, ou bien l'accord, l'union et la distinction de ces deux puissances.

Dans le premier cas elle est jugée et la discussion est close : car elle passe dans le camp de l'athéisme social; dans le second cas, au lieu d'attaquer la politique royaliste, elle doit la défendre; car nul, parmi les royalistes, ne soutient l'erreur de la confusion de la société civile avec la société religieuse; tous les royalistes ont pour programme ces grandes paroles du roi, si conformes à celles du Pape Léon XIII que nous avons citées en tête de ce livre :

« Pleine liberté de l'Eglise dans les choses spirituelles, indépendance souveraine de l'Etat dans les choses temporelles, parfait accord de l'un et de l'autre dans les questions mixtes, tels sont les principes qui, au sein des sociétés chrétiennes, doivent, aujourd'hui plus que jamais, régler les rapports des deux puissances pour le bien de la religion et le bonheur des peuples. »

Ni théocratie, ni césarisme; accord, union de l'Eglise et de l'Etat; indépendance de l'une et de l'autre puissance dans leur domaine respectif: voilà la doctrine légitimiste.

« Il y a deux choses, dit le Grand Pape Gélase, par lesquelles ce monde est gouverné princièrement : l'autorité sacrée des pontifes et la puissance royale; l'une et l'autre sont souveraines, et aucune des deux dans son exercice, dans son *office propre* (In officio suo), n'est soumise à l'autre. »

Les pontifes respectent les lois de l'ordre civil régulier, et s'y soumettent dans leur rapport avec l'Etat, et l'Etat chrétien se soumet aux lois religieuses de l'Eglise.

La concorde est réalisée par les Concordats. M. de Lourdoueix a dit :

« La véritable solution, c'est la liberté de l'Eglise et la liberté de l'Etat s'exerçant dans leurs sphères respectives, pourvu que cette liberté soit réglée dans l'Eglise par les canons des Conciles, dans l'Etat par les lois fondamentales. »

De cette doctrine naît la nécessité de l'union de l'Eglise et de l'Etat.

La politique étant, selon Bossuet, la morale appliquée au gouvernement des peuples, il s'ensuit que, doctrinalement, il y a une politique chrétienne et une politique athée.

L'union de l'Eglise et de la société civile implique donc la nécessité, pour la société civile, d'établir ses fondements dans le droit, dans le respect de l'autorité légitime, consacrée par les lois fondamentales.

L'Eglise, avons-nous dit souvent, n'est ni royaliste, ni républicaine, elle est légitimiste; elle consacre chez tous les peuples et dans tous les temps, au nom de la morale chrétienne, ce qui est légitime, ce qui est de droit.

De là l'union de la politique et de la religion; de là l'accord traditionnel de la monarchie légitime de France avec l'Eglise...

C'est par suite de la loi universelle des affinités que la royauté de droit défend l'Eglise et que le catholique français défend la royauté de droit. C'est en vertu de cette même loi que la Révolution attaque, depuis un siècle, et l'autel et le trône, et la légitimité royale et la légitimité des papes, comme elle attaque la légitimité sociale, c'est-à-dire le mariage, le droit d'hérédité dans la famille et dans la propriété.

Nous avons dit que nous dominions le parlementarisme étroit de nos anglomanes de toute la hauteur de la philosophie catholique et des traditions nationales...

Est-ce vrai?

Nous aurons à développer ailleurs ces doctrines que nous résumons ici.

Voici, pour conclure, une autorité que l'*Union de l'Ouest* ne récusera pas ; c'est celle de Monseigneur Dupanloup.

Sur la question qui nous occupe, l'illustre prélat s'exprime en ces termes, dans son livre de la *Souveraineté pontificale :*

« Il faut enfin, après tant d'agitations et de tourmentes, après tant d'égarements et de pensées aventureuses, quand la terre tremble et fuit sous nos pieds, *il faut remonter aux vrais principes. Il faut revenir aux lois éternelles de l'ordre; il faut nous rattacher aux conditions inviolables et essentielles de la société.* Il faut reconnaître que, dans l'intérêt même des peuples, la souveraineté a des titres qui sont la sauvegarde et la vie des nations. Il faut convenir que *la puissance publique a des droits; qu'il y a des devoirs envers elle;* qu'il y a des préceptes apostoliques *qui commandent l'obéissance et le respect;* que les apôtres ne sont pas des utopistes et de vains discoureurs; qu'il y a un saint Paul qui a dit : Soyez soumis aux puissances. *Qu'il y a un prince des apôtres qui a défendu de se servir du nom de la liberté comme d'un voile hypocrite pour couvrir la méchanceté et la révolte;* qu'il y a un saint Jude qui a flétri ces hommes pervers qui méprisent toute autorité, qui blasphèment toute majesté; qu'il y a enfin, comme parle Bossuet, un Fils de Dieu qui a dit : Vous rendrez à Dieu ce qui est à Dieu, et à César ce qui est à César. *Ces principes ont été étrangement méconnus*, il le faut avouer, *depuis quelques temps.* Pour ramener les esprits égarés d'un bout de l'Europe à l'autre, il fallait peut-être — terrible *oportet!* disait Bossuet — ces bouleversements violents, ces épouvantables commotions auxquelles notre siècle assiste depuis plus de soixante ans. »

Voilà la doctrine que nous soutenons avec tous les royalistes de France. C'est la doctrine de l'Eglise ; c'est cette doctrine que foulent aux pieds, depuis plus de trente ans, les *prudents* politiques de la révolution modérée.

C'est ce qui nous reste à démontrer.

CHAPITRE II

LA DÉFENSE DES ROYALISTES.

Reprenons l'accusation dans les termes posés par nos contradicteurs eux-mêmes :

Les royalistes rendent les intérêts de l'Eglise solidaires de la cause d'un prince ou d'un parti.

Il nous semble, cependant, que le premier fait qui a donné naissance à toutes ces polémiques a été celui-ci :

Il a paru, dans ces derniers temps, à des hommes sincères, bien connus pour être *catholiques avec le Pape* et *royalistes avec le Roi*, que certains dignitaires ecclésiastiques tenaient, à l'égard de la République jacobine que nous voyons à l'œuvre et des hommes qui nous gouvernent, une attitude assez bienveillante pour qu'on pût craindre que le peuple de France, qui venait d'être témoin des attentats contre la liberté religieuse, se crût autorisé à oublier les crimes et à se rallier à l'ordre de choses actuel, au régime dont les chefs, crocheteurs des couvents, ont été excommuniés de fait.

Les légitimistes dont nous parlons, craignant un danger pour le sens moral du peuple, se sont dit : Il ne faudrait pas pourtant que, sous prétexte de relations officielles nécessaires, on rendît le clergé et la religion solidaires des destinées d'un régime qui est, en France, une des formes de la Révolution.... ; les déceptions passées doivent faire prévoir les déceptions futures.

Que le Saint-Siége ait son représentant auprès de ceux *qui détiennent* le pouvoir, soit ; mais que le clergé et les catholiques restent dignes de leurs pères en face de la persécution !

Aussitôt, avec une infernale habileté, les opportunistes jacobins, soutenus par leurs alliés sortis de nos rangs, ont retourné l'accusation contre les royalistes.

Il paraît que nous voulons inféoder l'Eglise à la cause d'un prince ou d'un parti.

Il n'y a rien de vrai dans l'accusation.

D'abord, nous ne sommes pas un parti ; notre programme le prouve et le Roi l'affirme dans toutes ses déclarations.

La cause même de l'ordre social, politique et religieux de la France traditionnelle, la cause qui adhère à toutes les vérités séparément défendues par les partis, n'est pas elle-même un parti ; elle est l'opinion dépositaire des principes de catholicisme, de monarchie et de liberté que la France tout entière a proclamés en 1789, d'accord avec la Royauté, avant l'heure de la révolte qui enfanta la Révolution et les partis.

La cause du droit national, qui défend la triple légitimité de Dieu, du Roi et du peuple, peut seule réconcilier tous les Français dans les principes qui ont constitué la grandeur française, la civilisation française ; c'est la cause de tout le monde. Réunissez les vérités éparses dans les programmes des partis qui, depuis près d'un siècle, divisent cette société malade d'orgueil constituant, et vous avez le programme légitimiste, le programme du Roi.

Et cela est vrai, parce que nous n'inventons pas nos principes. Nous ne créons rien, nous découvrons dans la constitution naturelle de la France ce que Dieu, la sagesse de nos pères et les siècles y ont mis : la religion catholique, la stabilité du pouvoir monarchique, l'ordre et la liberté ; nous y découvrons l'accord de la tradition et du progrès, de la raison et de la foi.

De plus en un sens éternellement vrai, nous ne sommes pas *vaincus*, car défendant la cause des principes et des lois qui sont des volontés divines, nous sommes vivants et triomphants avec le Christ et par le Christ en qui et par qui toutes choses doivent être restaurées.

N'est-ce pas un triomphe indirect pour nos principes que ces faits désastreux qui apparaissent à la France et au monde comme la conséquence de leur violation ?

Donc, logiquement, il nous serait impossible de rendre l'Eglise solidaire d'un parti. Mais ce que nous avons vu, ce que l'univers a vu, ce sont les persécutions souffertes par l'Eglise de la part des partis de révolution que l'on appelle victorieux. On avait rendu l'Eglise solidaire, en un sens, des deux Empires... Savone et Castelfidardo ont montré au monde ce que coûte à la Papauté l'exil du Roi de France.

Croit-on que le Pape serait prisonnier au Vatican si le fils aîné de l'Eglise, l'héritier de saint Louis occupait le trône de Charlemagne et de Henri IV?

Eh bien! Voilà notre crime! Nous voulons rendre à l'Eglise, notre Mère, le premier, le plus grand de ses serviteurs; et nous croyons que l'idée de droit, l'idée de légitimité, fondement de l'ordre social, n'est pas étrangère à la loi morale dont l'Eglise du Christ est la gardienne incorruptible.

Nous croyons que le prêtre, que le catholique français ne peut rester indifférent entre la cause de la Révolution dont nous voyons les crimes et la cause de la justice et du droit.

Tous les droits sont solidaires : c'est la logique, c'est la raison de Dieu qui le veut ainsi.

Les souverains de l'Europe, sans en excepter aucun, ont accepté et reconnu les faits accomplis, en violation du droit monarchique, en France, en Italie, en Espagne.....

C'est pourquoi la Révolution a fait le tour du monde.....

Le 21 janvier et 1830 déroulent leurs conséquences dernières à Rome, à Saint-Pétersbourg, à Berlin, à Londres, partout.

Si la cause des principes qui peuvent seuls rendre la vie au monde, l'ordre à l'Europe, l'indépendance au Saint-Siège, la liberté religieuse à la France, devait être vaincue, c'en serait fait de la civilisation générale, et l'Eglise immortelle retournerait aux catacombes pour recommencer son œuvre divine au milieu des nouveaux barbares.

Si nous envisageons l'état de l'Eglise en France et non la situation de l'Eglise dans le monde, nous dirons à nos contradicteurs qu'il est faux que l'*Eglise acquière chaque jour*, en France, *une nouvelle vigueur et une expansion plus grande*. Grâce à la République qui, en France, *représente la révolution*, la ruine de l'enseignement chrétien est un fait aux trois-quarts accompli; la liberté religieuse et la liberté de conscience sont indignement immolées sur l'autel de la légalité jacobine; les catholiques sont mis hors la loi, le culte extérieur est aboli dans la plupart de nos grandes villes; les couvents sont vides, la religion et ses insignes sacrés sont chassés des écoles, des hôpitaux et de l'armée...; la loi sur le repos du dimanche est abolie; les lois sur l'enseignement primaire, celles projetées contre les associations religieuses, sur la loi militaire, visent à la destruction totale du christianisme en France; la République marche à grands pas vers l'abolition du Concordat; la Révolution, en un mot, nous conduit au schisme.

Tel est l'état de l'Eglise catholique en France, sous le régime qu'entendent ménager les quelques conservateurs, catholiques ou non, qui nous calomnient.

En face d'une pareille situation, venir revendiquer le *concours des hommes qui tout en estimant nécessaire la liberté de l'Eglise ne croient pas indispensable le retour du Comte de Chambord sur le trône de ses aïeux* (1), et cela, en ayant l'air de répudier, de dédaigner, de combattre l'opinion légitimiste, de semer la division dans nos rangs, à la veille des

(1) Les expressions soulignées sont du journal l'*Aurora* (mars 1881) aujourd'hui disparu.

luttes décisives, c'est vouloir assurer le triomphe définitif de la Révolution sur la civilisation française !...

Les légitimistes de France ont toujours professé la doctrine proclamée par Sa Sainteté Léon XIII, dans sa lettre à l'archevêque de Paris. Voici comment s'exprime le Souverain Pontife au sujet du rapport de l'Eglise et de l'Etat et sur la distinction essentielle du *pouvoir de fait* et *du pouvoir de droit :*

« ... Le Siège apostolique, qui, au milieu des vicissitudes et des transformations politiques, est bien forcé d'expédier les affaires avec ceux *qui détiennent le pouvoir,* ne veut, n'envisage en faisant cela qu'*une seule chose :* sauvegarder l'intérêt chrétien. Il ne veut certes, il ne peut vouloir porter atteinte aux droits de la Souveraineté, *quel que soit celui en qui ils résident.* Toutefois, personne ne met en doute que, par le maintien de l'ordre, fondement du bien public, l'on doive obéir *à ceux qui détiennent le pouvoir*, en tout ce qui n'est pas contraire à la justice ; mais on n'en doit pas conclure que *cette obéissance emporte assentiment à ce qu'il y aurait d'injuste dans la constitution ou dans l'administration de l'Etat.* »

Le Saint-Siège *est forcé d'expédier* les affaires **AVEC CEUX QUI DÉTIENNENT LE POUVOIR**, afin de sauvegarder l'intérêt chrétien ; mais en faisant cela, il *ne peut vouloir porter atteinte* **AUX DROITS DE LA SOUVERAINETÉ**, *quel que soit celui en qui ils résident.*

De plus... pour le maintien de l'ordre, on doit obéir *à ceux qui détiennent le pouvoir,* en tout ce qui n'est pas contraire à la justice, mais cette obéissance *ne doit pas emporter assentiment à ce qu'il y a d'injuste dans la Constitution ou dans l'administration de l'Etat.*

La république, forme politique de la Révolution athée *détient le pouvoir de fait* depuis le 4 septembre... *Le pouvoir de droit* réside, en vertu des lois fondamentales, dans la personne du Comte de Chambord...

La *Constitution est injuste* en ce qu'elle viole le droit national de la France. Telle est la doctrine légitimiste dans toute sa pureté.

L'Eglise n'impose aux peuples aucune forme particulière de gouvernement. L'Eglise n'est ni républicaine, ni royaliste, ni parlementaire, elle est *légitimiste;* elle ordonne de respecter ce qui est légitime, ce qui est de droit, ce qui est juste, ce qui est selon l'ordre de Dieu Elle condamne, dans le *Syllabus,* la glorification du fait accompli et la révolte contre l'autorité légitime, contre les lois fondamentales des peuples, quelles que soient leurs constitutions.

Nous n'avons pas demandé au Saint-Siège de s'unir à nous dans les luttes politiques que nous soutenons contre la Révolution et l'usurpation républicaine ; il nous suffit de savoir que *doctrinalement* l'Eglise est avec le droit, avec ce qui est juste et légitime.

Nous demandons que sous prétexte de relations officielles nécessaires, on ne compromette pas le clergé et les catholiques français avec un régime de révolution, avec les hommes du jacobinisme athée, coupables des attentats qui ont indigné le monde civilisé ; nous supplions qu'on ne trouble pas le sens moral du peuple, qu'on ne sème pas la désunion et la trahison dans le camp des royalistes et des catholiques qui travaillent, au prix de tous les sacrifices et depuis un demi-siècle, au triomphe de la légitimité nationale, de la royauté chrétienne, qui seule peut rendre la liberté à l'Eglise de France et son indépendance temporelle au Saint-Siége.

Depuis la mort du fils de Napoléon III, il n'y a plus de parti intermédiaire entre la Monarchie légitime et la République. Le grand débat qui, dans le monde, se livre entre la civilisation chrétienne et la révolution cosmopolite, se concentre, en France, entre la République et la Monarchie. La Providence a simplifié, pour les solutions prochaines, la situation respective des partis.

Nous demandons qu'on n'affaiblisse pas l'armée du bien à l'heure la plus solennelle du siècle...

On sait à Rome qu'il n'y a qu'une seule armée du bien, c'est l'armée du Droit qui a pour Chef le fils aîné de l'Eglise.

CHAPITRE III

UNE QUESTION BIEN POSÉE

I

En décembre 1881, M. l'Abbé ***, qui traite, dans l'*Union de l'Ouest*, des questions se rattachant aux rapports de l'Eglise et de l'Etat, de la politique avec la religion, voulut bien nous consacrer quelques observations. M. l'abbé *** répondait d'abord à l'*Univers*, puis à l'*Etoile*. Nous avions lu la réponse de l'*Univers ;* elle nous paraissait absolument juste : l'*Union de l'Ouest* avait accusé les royalistes d'avoir demandé ou essayé de provoquer le rappel du Nonce, et de ne pas vouloir admettre la nécessité où se trouve le Saint-Siége, le Pape, père universel des fidèles, d'avoir avec toutes les nations, avec tous les peuples, avec tous les chefs d'Etat des relations officielles, diplomatiques ou autres, exigées par le bien de l'Eglise et le salut des âmes.

On défia l'*Union de l'Ouest* de prouver ces accusations radicalement injustes. M. l'abbé *** s'en tint à une dépêche qui annonçait le rappel du Nonce, publiée, croyons-nous, par l'*Univers*, longtemps auparavant et reproduite par les journaux, puis démentie.

Voilà sur quel fondement on a élevé contre l'opinion royaliste tout cet édifice de malentendus qui ne servent qu'à obscurcir les termes du débat.

Cependant, ce point devrait être vidé, puisque les royalistes de France ont toujours soutenu le contraire de l'opinion que leur attribuent l'*Union de l'Ouest*, M. l'abbé *** et le *Figaro*.

Nous avons toujours admis que l'Eglise ayant été divinement instituée au-dessus de toutes les lois humaines, de toutes les constitutions, de toutes les formes sociales, il s'ensuit que son chef visible, le Pape, a pour obligation d'être en relations avec les chefs de toutes les nations du monde quand le bien de l'Eglise l'exige.

Nous avons cent fois développé cette vérité de sens commun, notamment à l'occasion de la célèbre lettre que Notre Saint-Père le Pape adressa à l'archevêque de Paris

Il est et doit être encore acquis au débat une autre vérité admise par les légitimistes du France, depuis que ces questions doctrinales s'agitent au milieu de nous ; cette autre vérité, que l'*Union de l'Ouest* a encore *découverte*, se formule ainsi :

L'Eglise n'impose aux peuples aucune forme particulière de gouvernement ; elle peut, elle doit pouvoir en tant qu'Eglise universelle, vivre, agir, subsister, entrer en relation avec tous les États quelles que soient leurs constitutions particulières, quelles que soient leurs formes politiques.

Mais il y a une troisième vérité, un troisième terme à la question, que ne veut pas nous accorder l'école que nous combattons, école qui dénature nos idées pour nous peindre sous les couleurs les plus extravagantes, en faisant de nous, en faisant des catholiques royalistes, des légitimistes de France des *hallucinés* qui compromettent en même temps l'Église et la Royauté.

Quelle est cette troisième vérité dont la négation par les catholiques libéraux fait depuis Lamennais les affaires de la révolution cosmopolite ? Cette vérité, niée par l'*Union de l'Ouest*, est une vérité dogmatique proclamée par les Docteurs, par les Conciles et par les Papes. Cette vérité particulièrement et explicitement consacrée par les papes Pie VI, Grégoire XVI, Pie IX et Léon XIII, se formule ainsi :

Doctrinalement, l'Eglise distingue le pouvoir de droit du pouvoir de fait ; gardienne et interprète infaillible de la loi morale, de la morale évangélique, elle consacre par son enseignement, une vérité politique, un droit politique, une légitimité politique ; elle condamne la souveraineté révolutionnaire des peuples, c'est-à-dire le prétendu droit de détruire, quand il leur plaît, leurs Constitutions et leurs lois fondamentales ; elle condamne la révolte et la doctrine qui glorifie le succès et le fait accompli.

Si nous prouvons cela par des textes formels, clairs et authentiques émanés des papes Pie VI, Grégoire XVI, Pie IX et Léon XIII, nous aurons prouvé qu'il y a une légitimité politique, une politique chrétienne et orthodoxe, que si l'Eglise n'est ni républicaine, ni royaliste, ni parlementaire, ni impérialiste, elle est et doit être doctrinalement légitimiste dans le sens universel du mot, c'est-à-dire qu'elle fait une obligation de conscience de supporter ce que Dieu supporte, c'est-à-dire le pouvoir de fait et de rendre honneur, obéissance, respect, soumission intérieure au pouvoir de droit, quelle que soit la forme politique, la constitution nationale des peuples. Si nous prouvons cela par les paroles mêmes de nos Saints Pères les Papes, gardiens infaillibles de la loi morale, nous aurons prouvé que les légitimistes de France sont indignement méconnus et que leurs contradicteurs de toute nuance sont dans le faux.

Voilà, en un mot, la vraie question à vider. Ne sortant pas de là, nous n'avons pas à discuter, pour l'heure, les textes de NN. SS. d'Amiens et et de Saint-Brieuc, relatifs à ces deux vérités admises par nous et par l'*Union de l'Ouest* : l'Eglise n'impose aucune forme de gouvernement ; le Pape peut et doit être en rapports avec les chefs de toutes les nations quelles que soient leurs constitutions particulières.

II

Cela dit, reprenons l'article de M. l'abbé ***.

Nous avions dit, dans l'*Etoile,* en commentant le programme du *Journal de Rome* :

« L'indépendance de la Papauté temporelle repose sur le principe de légitimité qui sert de fondement à la doctrine des royalistes de France. Le pouvoir temporel n'est pas de droit divin comme l'autorité spirituelle de la Papauté ; le pouvoir temporel est d'ordre providentiel, de droit international, il est conforme à la justice et consacré par les siècles et le droit public européen.

« Les papes Pie IX et Léon XIII, en défendant ce droit du Pouvoir temporel, se sont placés dans le même ordre d'idées où luttent, depuis 1830, les légitimistes de France.

« Le pape Pie VI, dans sa revendication souveraine, s'est servi des formules que nous employons dans la défense du droit traditionnel de la Monarchie française :

« Quant à ce qui regarde la fidélité qui nous est due comme AU PRINCE LÉGITIME, vous n'ignorez pas combien est étroite l'obligation de la garder, puisqu'il y a un précepte divin qui prescrit à chacun d'obéir au PRINCE LÉGITIME... Non, il n'est pas au pouvoir des peuples de renverser à leur gré les empires et d'introduire, selon leurs caprices, de nouvelles formes de gouvernement. »

(*Lettres apost. 19 avril 1792.*)

« Les protestations des papes Pie IX et Léon XIII contre la révolution italienne sont identiquement fondées sur les mêmes vérités doctrinales que les protestations des catholiques et des royalistes de France contre les usurpations de la Révolution francaise.

« Le *Journal de Rome* défendra l'indépendance politique de la Papauté ; il y a donc une vérité politique ; il défendra le droit temporel de la Papauté ; il y a donc une légitimité temporelle ; il défendra le droit ; il y a donc des pouvoirs de droit et des pouvoirs de fait.

« C'est ce que soutiennent les légitimistes de France en défendant le droit national traditionnel de la Monarchie très chrétienne.

« Mais alors, si la morale évangélique, si le dogme du décalogue, si les Papes si les Conciles consacrent ainsi le droit dans toutes les sphères, c'est-à-dire dans l'ordre domestique, dans l'ordre de la cité, dans l'ordre social, dans l'ordre politique et dans l'ordre religieux, nous avons raison d'affirmer qu'il y a une *politique orthodoxe*, c'est-à-dire conforme à la morale chrétienne et au droit ; nous avons raison d'affirmer que si l'Eglise est destinée à avoir des rapports avec tous les Etats, si elle n'impose aux peuples aucune forme particulière de gouvernement, si l'Eglise n'est ni républicaine, ni royaliste, ni parlementaire elle est et doit être légitimiste, c'est-à-dire qu'elle oblige doctrinalement les fidèles à respecter ce qui est légitime, conforme à la loi divine, à distinguer le pouvoir de droit du pouvoir de fait, et c'est ce qui résulte de la lettre adressée par Notre Saint-Père le Pape Léon XIII à l'archevêque de Paris, comme des enseignements de Pie IX et de Grégoire XVI. »

Voilà quelle était notre argumentation. On va voir de quelle façon M. l'abbé *** nous réfute.

D'abord, voici comment, au lieu de nous citer, il résume l'article qu'on vient de lire :

« Le Pape et les légitimistes français protestent, le premier contre la révolution italienne, les seconds contre la révolution de 1830, et leurs protestations reposent sur un seul et même principe, celui de la légitimité. Le droit de la papauté revendiquant le pouvoir temporel au nom de son indépendance, n'a pas un autre caractère et n'est pas d'une autre nature que « le droit national de la monarchie très chrétienne. » Si la papauté proclame la légitimité de son pouvoir temporel, elle consacre par là même toutes les légitimités et tous les droits; donc, il y a UNE POLITIQUE ORTHODOXE ; donc, l'Eglise *doit être légitimiste*, c'est-à-dire *qu'elle oblige doctrinalement les fidèles à respecter ce qui est légitime...* »

Voilà de quelle façon plus ou moins sacerdotale nous étions défiguré : les les lecteurs de l'*Union de l'Ouest* ignoraient complètement notre argumentation, le texte de Pie VI si grave, si important, si décisif; ils ignoraient que nous avions formellement admis que l'Eglise *n'impose aux peuples aucune forme particulière de gouvernement*, que l'Eglise n'est ni républicaine, ni royaliste, ni parlementaire; les lecteurs de l'*Union de l'Ouest* ignoraient cela, comme ils ont ignoré les textes que nous avions apportés et qui étaient extraits des lettres apostoliques de Grégoire XVI, de Pie IX, de Léon XIII et du Syllabus...

Mais il fallait résumer notre argumentation comme l'a fait M. l'abbé *** pour pouvoir nous combattre avec les textes de Monseigneur de Saint-Brieuc, sur un terrain où nous n'étions pas et à propos d'une thèse, d'une vérité que nous admettons parfaitement.

Voici la *réfutation* de M. l'abbé *** :

« Ai-je besoin de relever ce qu'il y a d'étrange dans ces rapprochements et ces assimilations, de réfuter des sophismes qui sautent aux yeux du lecteur le moins clairvoyant? Ou le raisonnement de l'*Etoile* ne veut rien dire, ou il signifie que l'Eglise doit présenter la légitimité aux fidèles comme un dogme imposé à leur foi, et faire ouvertement, officiellement campagne avec le parti légitimiste. Or, cette prétention de l'*Etoile* est contraire, on ne saurait trop le répéter, à l'enseignement de l'Eglise, à sa doctrine constante, et, pour qu'elle entrât dans la voie où voudrait la pousser un intérêt de parti, il faudrait qu'elle abdiquât cette profonde sagesse et cette admirable prévoyance qui sont les marques de sa mission divine. Si l'on veut réduire à leur juste valeur les assertions téméraires du journal d'extrême droite, il suffit de parcourir le recueil des mandements et lettres pastorales de NN. SS. les évêques. On n'y voit nulle part la trace d'une adhésion quelconque à la thèse plus que singulière de cette feuille; partout, au contraire, on en trouve la condamnation formelle. »

Suit un extrait d'un mandement de Monseigneur de Saint-Brieuc où se trouve développée cette vérité que nous admettons, que nous avons toujours admise :

« *Aucune forme de gouvernement n'est, par elle-même, opposée à la vérité évangélique, pas plus qu'aucune forme ne contient par elle-même le salut d'une nation*, AINSI QUE L'EGLISE L'A TOUJOURS PROCLAMÉ, et que le répétait naguère l'illustre Pontife Léon XIII, dans son Encyclique *Diuturnum Illud*, œuvre merveilleuse de science, de largeur de vue, de vaste et lumineuse doctrine... »

Oui l'Eglise n'impose aucune forme de gouvernement et elle ne doit pas se mêler aux querelles des partis politiques, ni, officiellement, dans son chef suprême, faire ouvertement campagne avec le *parti* légitimiste.

Nous savons distinguer, dans le prêtre, l'homme de Dieu qui bénit, console, réconcilie les hommes de bonne volonté de tous les partis, du citoyen ayant des convictions politiques et les faisant triompher par les moyens légaux de persuasion...

Si M. l'abbé avait ainsi, sur ce point, fait connaître nos idées aux lecteurs de l'*Union de l'Ouest*, il n'avait plus qu'à se taire, car nous étions d'accord ; mais il fallait absolument faire la confusion, maintenir la confusion que maintient aussi Monseigneur l'Evêque d'Amiens quand il attaque les légitimistes de France.

Sous la protection de ces nuages entassés devant notre raisonnement, M. l'abbé *** oserait-il aller jusqu'à dire que l'Eglise condamne la doctrine suivante qui est la nôtre :

L'Eglise distingue le pouvoir de droit du pouvoir de fait, la légitimité de l'usurpation.

L'obéissance au pouvoir légitime, au pouvoir de droit *ordonné* de Dieu, cette obéissance dont saint Paul et saint Pierre font un devoir de conscience, et que Pie VI rappelle dans le passage cité plus haut, voilà ce qui serait, d'après M. l'abbé ***, condamné par l'Eglise !!

Cela n'est pas possible, et M. l'abbé *** doit absolument s'expliquer et renoncer aux confusions indignes d'une plume sacerdotale.

Tout ce que nous voulons prouver, c'est que doctrinalement, dans son enseignement dogmatique, l'Eglise n'est pas indifférente dans la question de droit soulevée par la morale politique entre la légitimité universelle et la révolution universelle, entre l'affirmation et la négation de ce qui est juste.

Dans un prochain chapitre, nous apporterons des preuves et des textes qui feront retomber la condamnation de l'Eglise sur les sceptiques qui nous méconnaissent : nous sommes formel dans notre affirmation.

Que M. l'abbé *** veuille bien en prendre acte : nous avons pour nous N.-S. Jésus-Christ, les apôtres Pierre et Paul, les Conciles, les Docteurs, les Papes.

CHAPITRE IV

DÉMONSTRATION

I

Maintenant que nous avons déblayé le terrain de la discussion et concentré le débat sur le point qui nous sépare des partisans de l'indifférence doctrinale de l'Eglise à l'égard de la légitimité politique, nous allons fournir nos preuves et nos autorités, et analyser aussi succinctement que possible les textes sur lesquels nous nous appuyons quand nous affirmons, contrairement à l'opinion de l'*Union de l'Ouest*, de M. l'abbé *** et de l'*ancien député* du *Figaro*, qu'il y a une politique *orthodoxe*, c'est-à-dire une politique chrétienne.

Bossuet a dit que *la politique, c'est la morale appliquée au gouvernement des peuples* ; la morale, c'est-à-dire la loi morale qui a sa sanction dans le dogme catholique.

Rien de ce qui touche à la morale ne peut être indifférent à l'Eglise ; toute la doctrine légitimiste repose sur cet axiome :

« Tu ne déroberas pas. »

Tel est le fondement du droit de propriété.

Un droit est une propriété.

Quand ce droit est garanti et consacré par la loi fondamentale d'un pays civilisé, il est comme toute propriété, protégé par la loi morale.

Usurper un droit est un crime puni par la loi humaine et par la loi divine.

L'exercice de l'autorité légitime par un Conseil fédéral, par un président électif, par un Roi, est un droit. La révolte contre cette autorité est condamnée par le Décalogue, par l'Evangile, par les Conciles, par les Papes, c'est-à-dire par l'Église.

La révolte triomphante s'appelle Révolution ; la Révolution ne crée aucun droit. Il n'y a pas de droit contre le droit.

Prétendre que l'Église approuve et consacre doctrinalement l'usurpation de 1830, c'est soutenir que l'Eglise n'est pas catholique, c'est-à-dire universelle dans ses enseignements, et qu'elle néglige l'une des applications de la loi morale dont elle est la gardienne infaillible.

Nous croyons ces déductions, ces conséquences d'un principe vrai, rigoureusement conformes à la logique, parfaitement justes et irréfutables.

Voici nos autorités.

II

« Rendez à César ce qui est à César et à Dieu ce qui est à Dieu. » Quand Notre-Seigneur Jésus-Christ a prononcé cette parole, il a non seulement établi la distinction des deux puissances, mais formulé la doctrine de l'obéissance due à l'autorité légitime

En ce moment le gouvernement romain était légitime.

« Jules César, dit Fénelon, était usurpateur aussi bien que son successeur ; mais je nie que Tibère qui régnait dans le temps de Notre-Seigneur et à qui il ordonnait de payer le tribut, fût un usurpateur en aucun sens. César avait changé la forme du gouvernement par force, par violence et par des crimes atroces ; Auguste s'était attiré l'autorité du Sénat, des magistrats et des lois, dans le temps de l'affaiblissement de la République. Mais la cession plénière est libre, que firent les patriciens, les plébéiens, les chevaliers romains et tous les ordres de l'autorité souveraine à Tibère, c'est un des actes les plus authentiques de l'histoire... Il fut proprement le premier empereur légitime, parce qu'il fut choisi par ceux qui avaient un véritable droit d'élection. Il changea la forme du gouvernement de Rome, mais il le fit avec le consentement de ceux en qui résidait alors le pouvoir suprême, je veux dire le Sénat et le peuple romain. »

En effet, pour passer d'une Monarchie héréditaire à la République, le peuple est obligé de violer la loi fondamentale de la Monarchie ; pour passer d'une République, fondée sur la souveraineté du peuple qui fait la loi, à une Monarchie héréditaire, cela peut se faire en vertu même de la loi fondamentale de la République ; tel est le principe qui vient à l'appui de l'explication historique de Fénelon.

D'ailleurs, dans le même temps, saint Paul donnait au monde le sublime commentaire de la parole du Christ et posait les fondements de la politique chrétienne, quand il disait :

« Que toute âme soit soumise aux puissances SUPÉRIEURES ; car il n'est pas de puissance qui ne vienne de Dieu, et toutes les puissances sont *ordonnées* de Dieu. C'est pourquoi celui qui résiste aux puissances, *résiste à l'ordre de Dieu.* »

Il s'agit ici, de la puissance ordonnée de Dieu, existant suivant l'ordre de Dieu, conforme à la loi divine ; il s'agit donc, non d'une puissance usurpée, établie en violation du droit et des lois, mais d'une puissance légitime. Le pouvoir usurpé ne peut être ordonné de Dieu. Le pouvoir du mal, la puissance usurpée, n'est pas une puissance, à plus forte raison ne saurait être une puissance supérieure. La Révolution, l'usurpation et la tyrannie sont *permises* de Dieu et ne sont pas *ordonnées* de Dieu.

Etre dans l'ordre, c'est être en conformité avec la loi morale, loi éternelle dit saint Thomas, et qui est Dieu lui-même : *Est ipsa lex æterna.*

L'enfer est une puissance *inférieure*, usurpée, c'est-à-dire la négation de la Toute-Puissance.

Le pouvoir usurpateur et violateur des lois est *ordonné* par la Révolution, puissance *inférieure* qui est la négation de l'autorité divine et humaine, et une émanation de la puissance de Satan.

Le pouvoir de Robespierre et de la Terreur n'était pas selon l'ordre de Dieu.

Mgr Asseline, évêque de Boulogne, dans son discours sur l'obéissance due à l'autorité légitime, s'exprime ainsi :

« Comme Jésus a dit : *Rendez à César ce qui est à César, et à Dieu ce qui est à Dieu*, par où il met, pour ainsi parler, dans la même ligne ce qu'on doit au prince avec ce qu'on doit à Dieu même, afin que l'on reconnaisse dans l'un et dans l'autre une obligation également inviolable ; de même le prince des apôtres dit : « Craignez Dieu, honorez le Roi ; » où l'on voit qu'à l'exemple de son maître il fait marcher ces deux choses d'un pas égal, *comme unies et inséparables* . . . .

« Ce qui a été cru et enseigné dans les premiers siècles du christianisme, sur la fidélité due aux souverains, a été cru et enseigné de même dans les siècles qui ont suivi : *l'Eglise catholique ne s'est jamais démentie de l'ancienne tradition.* »

Le théologien de l'*Union de l'Ouest* avait-il fait ces distinctions fondamentales ? Si oui, que nous reproche-t-il ? Si non, il va voir que sa théologie est à refaire sur ce point.

Dans son allocution adressée au Sacré Collège, le saint jour de Noël 1878, Léon XIII a dit :

« La paix véritable se fonde toute sur l'ordre... ; il est impossible de la trouver dans la société, SI L'AUTORITÉ ET LES LOIS qui la gouvernent NE SONT PAS PLEINEMENT CONFORMES AUX PRINCIPES IMMUABLES ET ÉTERNELS DE LA VÉRITÉ ET DE LA JUSTICE dont l'Eglise est la gardienne. »

Tel est le fondement de la politique chrétienne, de l'union de la politique avec la religion.

III

Comme conséquence de ce qui précède, nous citerons ces paroles de Fénelon que nous opposerons à M. l'abbé *** :

« Quoique la Providence dispose des couronnes à son gré, *cependant elle n'approuve pas tout ce qu'elle permet. Il y a certaines lois générales qui nous sont des marques, non seulement que Dieu permet les choses, mais encore qu'elles sont dans l'ordre.* Ces lois générales sont les fondements de ce qu'on appelle droit civil, et elles sont établies pour être *les règles constantes de nos devoirs, et les signes certains de ce qui est de droit, et de ce qui ne l'est pas.* »

Ailleurs Fénelon dit encore :

« Les formes de gouvernement sont arbitraires ; mais quand l'autorité suprême est une fois fixée dans un seul ou dans plusieurs, d'une manière monarchique, aristocratique, populaire ou mixte, *il n'est point permis de se révolter contre ses décisions.* Puisqu'on ne peut pas multiplier les puissances à l'infini, il faut nécessairement s'arrêter à quelque autorité supérieure à toutes les autres, qui juge en dernier ressort, et qui ne peut pas être jugée elle-même. »

Fénelon, dans son essai sur le gouvernement civil, dit aussi :

« Quelques auteurs, respectables d'ailleurs, ont voulu soutenir que Dieu étant l'unique source de toute autorité, on doit non seulement obéir à quiconque possède actuellement la souveraineté, mais encore reconnaître son autorité comme légitime parce qu'elle est de permission divine. C'est ce qu'ils appellent être *roi* de Providence... La simple permission divine ne donne jamais aucun droit. Il faut être soumis à tout ce que Dieu permet, *mais il ne faut pas l'approuver comme juste.* Il y a une grande différence entre obéir au roi de providence et reconnaître son droit comme légitime. Il faut sans doute payer les taxes qu'un usurpateur impose, obéir aux lois civiles qu'il fait, se soumettre généralement à toutes ses ordonnances qui sont nécessaires pour conserver l'ordre et la paix sociale ; mais il ne faut jamais que cette obéissance aille jusqu'à approuver l'injustice de son usurpation, beaucoup moins à jurer qu'il a droit à la couronne dont il s'est emparé par la violence. « Il est certain, dit le célèbre Grotius, que « les actes de juridiction qu'exerce un usurpateur qui est en possession, ont le « pouvoir d'obliger, non en vertu de son droit, car il n'en a aucun, mais parce « que celui qui a le vrai droit sur l'Etat aime mieux que les choses, que l'usur- « pateur ordonne, aient lieu dans cet intervalle, que de voir ses Etats dans une « confusion déplorable, comme ils demeureraient, sans doute, si l'on abolissait « les lois et si l'on interrompait l'exercice de la justice. »

Suarez est plus explicite que Fénelon dans le passage suivant de son traité *de Legibus :*

« Il est manifeste que l'usurpateur est privé radicalement du pouvoir de faire des lois, et que, par conséquent, il n'y a aucune obligation de lui obéir... Quant à la question de savoir si l'on PEUT obéir à un tel prince, il faut la résoudre affirmativement, parce que les sujets peuvent faire des choses qui sont bonnes en elles-mêmes ou ne sont pas mauvaises, en cédant de leur droit et supportant avec patience la violence d'autrui, comme par exemple transporter des armes, payer l'impôt ; *mais il faut prendre garde à ne pas donner par là du scandale et à fournir au tyran l'occasion de persévérer plus fermement dans son injustice, et il est mieux de lui résister si on le peut sans inconvénient.* »

Sur cette distinction essentielle entre le pouvoir de fait et le pouvoir de droit, on peut consulter les instructions du cardinal Gabrielli, parlant sous l'autorité de Pie VII, et relatives à l'invasion des Etats du Pape par Napoléon Ier, ce document, daté du 22 mars 1808, justifie pleinement ce que nous avons dit que Nos SS. PP. les Papes se fondent, dans leurs protestations contre les usurpations de la Révolution italienne, sur les mêmes vérités doctrinales qu'invoquent les légitimistes et les catholiques de France, contre les usurpations de la Révolution française.

Bossuet, notre grand Bossuet, doit être entendu ; nous ne citerons de lui que ces quatre lignes, réfutation directe de la thèse qu'on nous oppose :

« Dieu prend en sa protection tous *les gouvernements légitimes*, EN QUELQUE FORME QU'ILS SOIENT ÉTABLIS, et qui entreprend de les renverser n'est pas seulement ennemi du public, mais encore ennemi de Dieu. »

Un illustre publiciste, Balmès, s'exprime comme les plus grands docteurs du christianisme dans cette interprétation de la parole de saint Paul :

« Certaine doctrine voudrait qu'on *dût* obéissance à un gouvernement, par cela seul qu'*il est*, en considérant uniquement le fait, et même en supposant le fait illégitime ; il faut avant tout établir la fausseté de cette doctrine : elle est contraire à la saine raison et n'a jamais été enseignée par le catholicisme. L'Eglise, en prêchant l'obéissance aux puissances, PARLE DES PUISSANCES LÉGITIMES ; cette absurdité qu'un simple fait puisse créer le droit ne saurait faire partie du dogme catholique.....

..... Le simple fait ne crée le droit ni dans l'ordre privé ni dans l'ordre public ; le jour où un pareil principe serait reconnu, ce jour même, les idées de raison et de justice disparaîtraient du monde. CERTAINS HOMMES EURENT EN VUE DE FLATTER LES GOUVERNEMENTS PAR CETTE DOCTRINE. »

Entendez-vous, Monsieur l'abbé *** ?

Balmès constate qu'un livre de dom Félix Amat, archevêque de Palmyre, contenant cette erreur qui consiste à *légitimer le fait acccompli*, a été prohibé à Rome.

Le cardinal Capellari, monté sur la chaire de saint Pierre sous le nom de Grégoire XVI, s'exprime ainsi dans son livre sur le *triomphe du Saint-Siège :*

« ..... Un monarque pourra être précipité de son trône par une révolte, par le délire du peuple, on pourra créer à sa place un gouvernement illégitime ; mais priver ce monarque lui-même et, si le royaume est héréditaire, priver sa race de son droit à la souveraineté, c'est ce qu'on ne pourra jamais, tant que son long silence ne donnera pas lieu de croire à une cession volontaire. »

Remontant le cours des siècles, nous montrerons l'admirable unité de l'enseignement catholique, en rappelant le décret du quatrième concile de Tolède, en 633 :

« Quand les peuples, disent les Pères du quatrième concile de Tolède, violent la fidélité qu'ils ont promise à leurs rois, ce délit est un véritable sacrilège ; la raison en est que, par l'infraction de cet engagement de fidélité, ce n'est pas aux rois seulement qu'ils manquent, mais encore à Dieu lui-même, au nom duquel la promesse de fidélité a été faite... Si nous voulons éviter la colère divine, rendons à Dieu avec crainte le culte religieux qui lui est dû ; gardons à nos princes la fidélité que nous leur avons promise... qu'il n'y ait point parmi nous d'infidélité si contraire à la véritable piété... qu'on n'y voie point tramer de criminelles conjurations ; que personne ne projette la mort des rois... que qui que ce soit donc qui... par quelque conjuration que ce puisse être... aura violé le serment qu'il a fait... pour la conservation du salut du roi, ou aura attenté à la vie du roi ou l'aura dépouillé de la puissance de régner... *ou aura envahi le rang suprême de la royauté, soit anathème en présence de Dieu et des saints anges ; qu'il soit mis hors de l'Eglise catholique qu'il aura souillée par un parjure*; qu'il soit éloignée de toute assemblée de chrétiens, ainsi que tous les complices de son impiété, parce qu'il faut que ceux qui se trouvent impliqués dans la même erreur soient assujettis à la même peine. »

La même disposition se trouve dans les sixième et septième conciles de Tolède, des années 637 et 644; dans le concile de Lorris, en Anjou, de l'an 843, et dans le concile d'Oxford, de 1242.

Nous empruntons au *Journal du droit et de la jurisprudence canonique*, la constitution du Pape Grégoire XVI, du 5 août 1831 : c'est la consécration solennelle, souveraine des principes établis par nous sur la distinction nécessaire entre le pouvoir de droit et le pouvoir de fait. Cette constitution fut donnée à l'occasion des graves dissensions soulevées en Portugal pour la succession au trône de ce pays. Voici les principaux passages de ce document :

« La sollicitude envers les Eglises, qui incombe constamment aux Pontifes romains, commis par la bonté divine à la garde du troupeau chrétien, les oblige à prendre en tous lieux et chez toutes les nations des mesures conciliantes pour la sage administration des choses saintes et pour le salut des âmes. Malheureusement, toutefois, les conditions de temps, les vicissitudes et les bouleversements dans le régime et les gouvernements des Etats sont tels qu'il devient souvent impossible aux Papes de pourvoir promptement et librement aux besoins spirituels des peuples.

« Car aux yeux surtout de ceux qui pensent selon les maximes du monde, leur autorité pourrait devenir odieuse, semblant se montrer partiale et presque préjugeant des droits des personnes, lorsque là où le trône est disputé par plusieurs prétendants, ils prennent des mesures relatives aux églises de ces pays, surtout pour la nomination des évêques, en traitant avec ceux qui occupent *de fait* le pouvoir suprême. Or, les Pontifes romains, presque de tout temps, ont poursuivi de toutes leurs forces cette maligne et pernicieuse imputation, et ils tiennent à en démontrer la fausseté autant que leur est à cœur le salut éternel de ceux qui, par cette raison, pourraient se voir privés, ou du moins pour trop longtemps éloignés des secours spirituels.

« Cette ligne de conduite que le Saint-Siège apostolique a suivie depuis les temps anciens, nous la voyons confirmée par Sixte IV, aussi notre prédécesseur d'heureuse mémoire, dans une de ces constitutions qu'il déclara *valable à perpétuité et irréfragable*. Plus encore, il y confirma spécialement que « si quelques « personnages sont reçus, dénommés ou traités par les Pontifes romains, « comme rois ou dignitaires quelconques, soit par eux directement, soit par « leurs nonces; ou si quelques-uns, se désignant eux-mêmes comme tels, sont « nommés, reçus ou traités de cette manière par qui que ce soit, ou si en ces « qualités ils ont pris place, soit personnellement, soit par leurs ambassadeurs, « dans les consistoires ou autres assemblées semblables et même admis, comme « tels, en présence du Souverain-Pontife, *il est toujours bien entendu que par « ces sortes d'actes ou reconnaissances il ne leur est jamais acquis aucun droit « nouveau aux couronnes et dignités en question, et que le moindre préjudice « n'est jamais porté par cela à ceux qui y ont droit.* »

« Suivant cette règle, établie par lesdites constitutions, CLÉMENT XI, pontife d'immortelle mémoire, non seulement donna au siècle dernier le titre de *roi catholique* à CHARLES, sérénissime archiduc d'Autriche, mais il l'avertit en outre, « qu'il ne lui refuserait pas à l'avenir l'usage des droits attachés à ce titre, pour « les provinces qu'il occupait alors, et dont il pourrait plus tard se rendre « maître; » déclarant formellement en même temps dans le consistoire, qu'il approuvait et renouvelait les susdites constitutions de ses prédécesseurs, de manière à conserver *également saufs* les droits de ceux qui prétendaient à la succession du trône d'Espagne.

« Ce fut en effet uniquement dans ce but que notre prédécesseur Clément V, d'heureuse mémoire, publia au concile général de Vienne la très sage et très utile constitution suivante, savoir : « Que si le Souverain-Pontife, de science « certaine, soit verbalement, soit dans une constitution ou par des lettres, « nomme un personnage, l'honore ou traite avec lui de toute autre manière, en « lui donnant le titre d'une dignité quelconque, il ne doit pas pour cela être « censé lui reconnaître cette dignité, ni lui accorder aucun droit nouveau. »

« La même disposition fut renouvelée par Jean XXII en termes formels lorsque, écrivant à Robert Bruce, qui était monté sur le trône d'Ecosse, il lui donna, pour la bonne intelligence, *le titre de roi*, sachant bien que, selon la susdite constitution Clémentine, ce titre n'ôtait rien *aux droits du roi d'Angleterre, ni ne conférait à Robert aucun droit nouveau*. Et non seulement il le déclara dans deux lettres à Robert lui-même; mais, dans une autre lettre pleine de prévenances, il avertit expressément Edouard, roi d'Angleterre, alors dans le feu de sa lutte pour la domination de l'Ecosse, de ne pas croire que *le titre accordé à son rival* eût à ajouter ou à ôter la moindre force aux droits des deux compétiteurs.

. . . .

« C'est pourquoi, après avoir entendu l'avis d'une congrégation spéciale, choisie parmi nos vénérables frères les cardinaux de la sainte Église romaine, en vertu de la plénitude de notre puissance apostolique, de notre propre mouvement et après mûre délibération : Vu la susdite constitution publiée par Clément V, notre prédécesseur d'heureuse mémoire, approuvée ensuite et renouvelée, à l'occasion de semblables rivalités de pouvoir par nos autres prédécesseurs Jean XXII, Pie II, Sixte IV et Clément XI; nous même, imitant leurs exemples et y adhérant complètement, l'approuvons de la même manière et la sanctionnons de nouveau, portant aussi, pour l'avenir, la décision suivante, savoir :

« Si nous ou nos successeurs, pour arranger les affaires qui regardent le gouvernement spirituel des Eglises et des fidèles, donnons à quelqu'un, de science certaine, *le titre d'une dignité telle qu'elle soit, même royale,* ou lui en rendons les honneurs verbalement, dans une constitution pontificale par lettre ou par ambassade de part et d'autre, ou par toute autre manière d'agir, impliquant, *en fait*, la reconnaissance en lui de telle dignité; plus encore, si pour les mêmes causes il nous arrive de traiter ou de sanctionner quelque chose que ce soit *avec ceux qui président à la chose publique*, *dans n'importe quel genre de gouvernement*, *nous n'entendons par aucun de ces actes, règlements et conventions de cette nature leur attribuer, faire acquérir ou reconnaître aucun droit.* »

M. l'abbé *** qui ose affirmer que notre thèse est condamnée par l'Eglise ne doit pas ignorer que l'Encyclique de Grégoire XVI qui distingue si admirablement le pouvoir de droit du pouvoir de fait, en rappelant que les Papes n'ont jamais entendu porter atteinte *à ceux qui ont droit au pouvoir* pendant qu'ils sont forcés de traiter avec ceux qui détiennent le pouvoir de fait, M. l'abbé *** ne doit pas ignorer que l'Encyclique se termine par cet anathème :

« Qu'il ne soit donc jamais permis à personne d'enfreindre ou de contredire, par une téméraire audace, cette page de notre approbation, sanction, décret, ordonnance et volonté. Quiconque oserait commettre cet attentat, encourrait, qu'il le sache bien, l'indignation du Dieu tout-puissant et celle des bienheureux apôtres Pierre et Paul. »

IV

Au mois de mai 1881, Notre Saint Père le Pape Léon XIII, s'adressant aux pèlerins français, leur disait :

« C'est précisément sur l'ensemble des grandes qualités et des vrais mérites de la France que nous fondons nos espérances pour votre chère patrie. En tout temps, *la Providence s'est plue à confier à la France la défense de l'Eglise*, et quand elle la voyait s'acquitter fidèlement de cette noble mission, elle ne tardait pas à l'en récompenser par une augmentation de gloire et de prospérité. Ah ! nous le demandons au Ciel avec instance, *puisse la France d'aujourd'hui, par sa foi religieuse, être digne de la France du passé;* PUISSE-T-ELLE RESTER FIDÈLE AUX GRANDES TRADITIONS DE SON HISTOIRE ! Ce serait le moyen, pour elle, de travailler à sa VÉRITABLE GRANDEUR. »

Nous, légitimistes de France, hommes de la tradition nationale, qui voulons unir ce qu'a eu de bon le passé à ce qu'a de bon le présent pour en former l'avenir, nous comprenons, nous reconnaissons comme nôtre la doctrine qui peut seule unir l'autorité et la liberté par l'affinité de leur origine divine.

C'est une grande joie pour nous, de voir triompher dans le domaine de la théologie les principes fondamentaux de l'ordre social et politique auxquels nous avons voué notre vie.

L'origine divine de l'autorité; le droit national des princes qui l'exercent en vertu des lois fondamentales; la sollicitude l'Eglise pour bien marquer les droits et les devoirs des peuples et des rois; la soumission intime à ce qui est juste, à ce qui est de droit; l'obéissance extérieure au pouvoir de fait qui n'ordonne rien de contraire à la loi divine; le devoir de conscience prescrit par la morale chrétienne à l'égard de l'autorité qu'exercent les chefs d'Etat, régulièrement investis du principat civil, sans distinction des formes gouvernementales propres à la constitution naturelle de chaque peuple, formes sur lesquelles l'Eglise ne se prononce pas; telles sont les bases de la politique chrétienne, politique conforme à la doctrine légitimiste que nous défendons contre le sophisme de la souveraineté du peuple et contre les partis de révolution, césarisme impérial ou démocratie athée qui se fondent sur ce sophisme condamné par l'Eglise.

Telle est, en effet, la thèse que nous soutenons.

Les autorités que nous allons invoquer achèveront de répandre des flots de lumière sur une doctrine dont le triomphe peut seul rendre la France à ses grandes traditions nationales, à cette mission spéciale que Léon XIII rappelait aux pèlerins français.

Nous avions dit que les protestations des Papes contre les usurpations de la Révolution italienne sont identiquement fondées sur les mêmes vérités doctrinales que les protestations des catholiques et des légitimistes de France.

Que si l'Eglise n'impose aux peuples aucune forme de gouvernement, si elle n'est ni républicaine, ni monarchiste, ni parlementaire, elle est et doit être *légitimiste*, c'est-à-dire qu'elle consacre dans son enseignement le respect dû à ce qui est légitime, à ce qui est de droit, à ce qui est conforme à l'ordre, à la loi morale dont l'église est la gardienne.

M. l'abbé *** a prétendu trouver dans le recueil des Mandements et Lettres pastorales des Evêques la condamnation de nos doctrines.

Nous avons déjà montré ce qu'avait de vain l'étrange affirmation de notre contradicteur.

Certes, nous ne croyons pas qu'on puisse nier l'évidence des textes sacrés que nous avons déjà opposés à l'école de l'indifférentisme politique de l'Eglise. Poursuivons cependant notre démonstration par les textes, en attendant qu'on nous oppose une autorité plus grande que celle des Conciles et des Papes.

Pie VI, dans ses lettres apostoliques du 19 avril 1792, après avoir averti de leur devoir les peuples du comtat Venaissin et protesté contre la constitution civile du clergé, s'écriait :

« Quant à ce qui regarde la fidélité qui nous est due comme AU PRINCE LÉGITIME, vous n'ignorez pas combien est étroite l'obligation de la garder, puisqu'il y a un précepte divin qui prescrit à chacun d'obéir AU PRINCE LÉGITIME. Non, il n'est pas au pouvoir des peuples de renverser à leur gré les empires et d'introduire, selon leurs caprices, de nouvelles formes de gouvernement. »

Il nous semble que Pie VI établissait dans ces lignes le fondement de sa protestation solennelle sur les mêmes doctrines, sur les mêmes principes qu'invoquent les légitimistes de France.

L'évidence ne se démontre pas. Qu'en pense M. l'abbé *** ?

Pie IX, le saint Pontife Pie IX, dans son Encyclique du 19 janvier 1861, fait entendre aussi, devant le monde chrétien témoin des usurpations piémontaises, cette protestation sublime :

« Nous ne pouvons abdiquer nos droits sur les provinces de notre domaine pontifical dans l'Emilie sans violer les serments par lesquels nous sommes liés, sans soulever des querelles et des révoltes dans les provinces qui nous restent, SANS INFIRMER LES DROITS NON SEULEMENT DES PRINCES ITALIENS QUI ONT ÉTÉ INJUSTEMENT SPOLIÉS DE LEURS DOMAINES, MAIS ENCORE LES DROITS DES PRINCES DE L'UNIVERS CHRÉTIEN qui n'ont pu voir proclamer AVEC INDIFFÉRENCE LES PRINCIPES LES PLUS PERNICIEUX. »

Voilà bien, et d'une façon éclatante, l'affirmation du principe de la légitimité et l'invocation en faveur des droits temporels du Saint-Siège des mêmes doctrines sur lesquelles les légitimistes de France fondent, depuis 1830, leurs invincibles revendications.

La philosophie de la politique chrétienne, *orthodoxe*, découle tout entière avec notre glorieuse justification, de ces immortelles paroles de Pie IX.

Qu'en pense M. l'abbé *** ? Qu'en pense Monseigneur d'Amiens ?

En recevant les employés de l'ancienne administration pontificale, le pape Léon XIII, prononçait à la date du 24 octobre 1880, ces paroles remarquables :

« Toutefois, à la joie que nous causent votre hommage et les nobles, très nobles paroles que vous nous adressez, se mêle un sentiment douloureux, qui vient du souvenir des jours moins malheureux que ceux-ci, quand *en bons fidèles sujets*, vous rendiez, chacun dans vos fonctions, d'honorables services A VOTRE PRINCE LÉGITIME, et quand le prince, qui exerçait son pouvoir d'une façon si paternelle pour tous, mais spécialement sur ceux qui le servaient avec fidélité, dévouement et amour, pouvait, de son côté, vous aimer et vous prouver sa reconnaissance des services que vous lui rendiez. »

Il s'agissait pour le pape Léon XIII de renouveler les protestations de Pie IX contre les usurpations de la révolution italienne. Le 23 décembre 1880, le Pape s'écrie :

« Loin d'acquiescer à ce qui a été fait à notre détriment, nous ne cesserons de nous en plaindre et de réclamer la liberté et l'indépendance dont le Saint-Siège a été spolié par l'*usurpation* violente de *son principat civil.* »

Le langage de Léon XIII est celui de Pie IX :

Comme Pie VI, comme Pie IX, Léon XIII proteste en faveur de la légitimité du principat civil : Il y a un droit politique contre lequel rien ne prévaut.

Nous allons d'ailleurs faire mieux ressortir l'accord des légitimistes de France avec la doctrine catholique sur les principes de la politique chrétienne, tels qu'ils ont été exposés solennellement par Pie IX et Léon XIII.

V

Nos adversaires en général et M. l'abbé *** en particulier n'ont pas assez d'anathèmes contre les royalistes accusés de vouloir inféoder l'Eglise à un *parti*, aux passions d'un *parti* et l'on sait avec quelles expressions, avec quels égards, Monseigneur d'Amiens traite nos amis de la presse de droite.

On sait de quels termes s'est servi l'évêque d'Amiens pour mettre à sa place cette opinion royaliste assez arriérée pour ne pas vouloir s'inféoder à la Révolution et pour verser son sang, depuis un siècle, dans la défense de l'Eglise et de la Royauté.

Unir ces deux causes dans un même amour, en élevant l'Eglise au-dessus de tout, en considérant le fils aîné de l'Eglise, le Roi de France, comme le sergent de Dieu, et la République athée comme l'ennemi qu'il faut abattre par l'intransigeance d'une opposition légale et loyale, par l'incessante action de la parole et de la presse, voilà le crime des royalistes rêvant l'alliance du trône et de l'autel.

Nous avons la simplicité de croire aux décisions des Conciles, aux enseignements de l'Eglise, à la parole de saint Pierre lui-même qui nous crie à travers les siècles :

CRAIGNEZ DIEU ! HONOREZ LE ROI !

Nous voulons inféoder l'Eglise à un *parti!* c'est une calomnie. Nous voulons fortifier la défense sociale en unissant la puissance de l'autorité religieuse à la puissance du principe politique qui a fait la grandeur de la France dans le passé ; nous voulons ramener la France à la mission que rappelait Léon XIII parlant aux pèlerins français, c'est-à-dire aux grandes traditions de son histoire, à sa Monarchie très chrétienne et libre de tout engagement avec la Révolution ennemie de l'Eglise.

Et quand nous travaillons à refaire l'unité religieuse et politique de la France, à cette alliance de la Religion et de la Royauté nationale, nous sommes encore et toujours les fils de l'Eglise, soumis aux enseignements de ses docteurs et de ses pontifes.

Voici encore des preuves :

Pie IX, dans son immortelle Encyclique de 1864, s'exprime en ces termes que n'a pas assez médités le vénérable évêque d'Amiens :

« Quand la religion est bannie de la Société civile, la doctrine et l'autorité de la révélation divine sont rejetées, la vraie notion de la justice et *du droit humain s'obscurcit*, se perd, *et la force matérielle prend la place de la justice et* DU VRAI DROIT. On voit donc clairement pourquoi certains hommes ne tenant aucun compte des principes les plus certains de la saine raison osent publier *que la volonté du peuple manifestée par ce qu'ils appellent l'opinion publique ou de telle autre manière, constitue la loi suprême, indépendante de tout droit divin et humain*; *et que, dans l'ordre politique, des faits accomplis par cela même qu'ils sont accomplis ont la valeur du droit.* »

Depuis quand la Religion a-t-elle été bannie de la société civile parmi nous? Depuis l'échafaud de Louis XVI, depuis la révolte triomphante et l'exil de la Royauté. Depuis quand la force matérielle des Césars d'aventure et des crocheteurs de couvents a-t-elle pris la place de la justice et du vrai droit? Depuis que les régimes de révolution ont succédé à la légitimité traditionnelle fondée sur le *vrai droit national.*

Et qui donc, dans l'ordre politique, selon la forte parole de Pie IX, a accepté les manifestations de la soi-disant volonté du peuple et donné aux faits accomplis la valeur du droit? Qui, sinon ceux-là même qui nous accusent d'inféoder l'Eglise à un parti!

La République, l'Empire et la révolution de Juillet se sont fondés sur le sophisme de la souveraineté du peuple, et Monseigneur d'Amiens affirme que *l'Eglise* agrée avec la même bienveillance et le *même amour tous les régimes.*

L'Eglise, *in abstracto*, ne condamne scientifiquement aucune forme de gouvernement; mais l'Eglise condamne la révolution et la souveraineté révolutionnaire du peuple.

Citons toujours nos autorités :

Et d'abord, sur l'accord de la vérité religieuse et de la vérité politique, sur l'union de l'Eglise et du trône, rappelons la grande Encyclique de Léon XIII, du 29 juin 1881.

Condamnant, comme Pie IX, ce sophisme de la souveraineté du peuple, qui a été élevé par la Révolution française au-dessus de tout droit antérieur, de toute loi constitutive et fondamentale, Léon XIII s'écrie en un magnifique langage :

« Au contraire, les doctrines sur le pouvoir politique imaginées par les modernes ont déjà apporté aux hommes de grandes afflictions et il est à craindre qu'elles n'apportent dans l'avenir des maux extrêmes. En effet, refuser de rapporter à Dieu comme à son auteur le droit de commander, ce n'est rien moins que dépouiller la puissance politique de sa plus belle gloire et trancher le nerf de sa force. Pour ce qu'ils disent *qu'elle dépend du caprice de la multitude*, c'est d'abord une opinion fausse; ensuite, *c'est établir le principat sur un fondement trop léger et trop mobile.* Excitées et stipulées par ces opinions, les passions populaires se déchaîneront avec plus d'audace et, au grave détriment de la chose publique, elles iront par une pente facile jusqu'aux troubles aveugles, aux séditions ouvertes. En effet ce qu'on appelle la *Réforme,* dont les auxiliaires et les chefs attaquèrent *jusqu'en leurs fondements par de nouvelles doctrines le pouvoir sacré et le pouvoir civil*, fut suivi, principalement en Allemagne par des agitations soudaines et par les plus audacieuses rébellions; et cela avec une telle conflagration de la guerre civile et un tel carnage qu'il ne resta presque pas un seul endroit qui ne fût livré aux troubles et ensanglanté. »

Ce sont donc, évidemment, les doctrines des légitimistes français applicables à toutes les nations, quelles que soient les formes traditionnelles de leur gouvernement, qui sauveront l'Europe et l'ordre naturel profondément troublé par la Révolution et les régimes de révolution.

Ecoutons encore le grand Pontife :

« De cette hérésie sortit, au siècle dernier, une fausse philosophie, le droit qu'on appelle *nouveau*, LA SOUVERAINETÉ DU PEUPLE et une licence effrénée que beaucoup estiment être la seule liberté. De là on est arrivé à ces fléaux récents, c'est-à-dire au *Communisme*, au *Socialisme*, au *Nihilisme*, monstres effroyables de la société humaine et qui sont presque sa mort. Et cependant un trop grand nombre d'hommes travaillent à accroître la violence de maux si graves, et sous prétexte de venir en aide à la multitude ils ont déjà provoqué une grande explosion de malheurs. Ce que nous rappelons ici, n'est ni inconnu ni bien éloigné. »

Léon XIII condamne ici la souveraineté du peuple, principe de la révolution et de tous les régimes issus de la révolution et qu'il ne faut pas confondre avec le principe de la souveraineté nationale dont la loi faite par le consentement du peuple et la sanction de l'autorité légitime, est l'expression permanente, en vertu de l'axiome des vieux *capitulaires : Lex fit consensu populi et constitutione regis.*

D'ailleurs Notre Saint Père le Pape Léon XIII nous fournira comme le lumineux résumé de la thèse que nous soutenons contre l'indifférentisme politique :

Rappelons ici le passage de la Lettre à l'archevêque de Paris, du 22 octobre 1880 :

« Sans aucun doute, l'Eglise catholique ne blâme et ne repousse aucune forme de gouvernement; et les institutions établies par l'Eglise pour le bien général peuvent prospérer, que l'administration de la chose publique soit confiée à la puissance et à la justice d'un seul ou de plusieurs.

« Mais le Siège apostolique, qui, au milieu des vicissitudes et des transformations politiques, est dans la nécessité d'expédier les affaires publiques *avec ceux qui détiennent le pouvoir*, ne veut, n'envisage, en faisant cela, qu'une seule chose, sauvegarder l'intérêt chrétien. *Quant à porter atteinte aux droits de la souveraineté, quel que soit celui en qui ils résident*, il ne le veut assurément pas et ne peut le vouloir.

« Toutefois, personne ne met en doute que, *pour le maintien de l'ordre*, fondement du bien public, l'on doive obéir à *ceux qui détiennent le pouvoir*, en tout ce qui n'est pas contraire à la justice. Mais on n'en doit pas conclure que *cette obéissance emporte assentiment à ce qu'il y aurait d'injuste dans la constitution* ou dans l'administration de l'Etat.

« Ces principes de droit public sont constants chez les catholiques. »

Telle est la doctrine qui justifie la foi politique, et l'opposition catholique à la fois et royaliste des légitimistes de France :

Nous voulons rendre à l'Eglise sa fille aînée, nous voulons restaurer le *pouvoir de droit*.

CHAPITRE V

DERNIÈRES PREUVES

En décembre dernier, nous avons entendu encore la parole de Léon XIII, cette grande lumière qui illumine le monde que le satanisme des sectes voudrait ramener aux ténèbres du paganisme.

L'*Encyclique* aux évêques espagnols a confirmé de toute la puissance de l'autorité infaillible, gardienne de la vérité morale, la doctrine soutenue par l'école traditionnelle des légitimistes français.

Comme dans ses précédentes Encycliques, Léon XIII, tout en condamnant l'erreur qui consiste à subordonner l'Eglise à un parti politique, ou à confondre la politique avec la religion, erreur que les royalistes de France n'ont jamais soutenue, Léon XIII, disons-nous, enseigne la grande vérité de l'union, de l'accord de la politique et de la religion.

Ecoutons :

« Or, il sera opportun tout d'abord de rappeler quels sont les rapports mutuels de la religion et de la politique, parce que beaucoup se laissent tromper en ce point par des erreurs contraires. En effet, il en est qui ont coutume non seulement de distinguer la politique et la religion, mais de les désunir complètement et de les séparer, de telle sorte qu'ils ne veulent entre elles rien de commun et qu'ils ne pensent pas qu'il faille en rien tolérer l'influence de l'une sur l'autre. Ceux-là, en vérité, ne diffèrent pas beaucoup de ceux qui souhaitent que l'Etat soit constitué et administré en dehors de Dieu créateur et maître de toutes choses ; et leur erreur est d'autant plus déplorable qu'ils écartent ainsi témérairement la société de la source d'avantages la plus féconde. Car, quand la religion est supprimée, il arrive nécessairement qu'on voit chanceler la stabilité des principes sur lesquels se fonde surtout la sécurité publique, qui tirent de la religion leur principale force, et au moyen desquels on peut, par exemple, commander avec justice et modération, se soumettre par conscience du devoir qu'on en a, dompter ses passions par la vertu, rendre à chacun ce qui lui appartient, ne pas toucher au bien d'autrui. »

C'est la condamnation de l'indifférentisme politique que nous n'avons cessé de combattre à l'aide des textes empruntés à l'Evangile, aux Conciles, aux Pères de l'Eglise, aux Souverains-Pontifes.

Léon XIII affirme encore la doctrine que nous défendons lorsque, unissant l'ordre politique à l'ordre religieux, il nous dit :

« Or, le fondement de la concorde dont Nous avons parlé est le même dans l'Eglise que dans toute société bien constituée : C'EST L'OBÉISSANCE AU POUVOIR LÉGITIME qui, par ses ordres, par ses interdictions, par sa direction, procure la concorde et l'harmonie dans la variété des esprits. »

L'OBÉISSANCE AU POUVOIR LÉGITIME ! Il y a donc une légitimité, un droit politique que l'Eglise ordonne de respecter.

L'Eglise n'est donc pas indifférente entre le fait et le droit ?

Ainsi que nous l'avons démontré, l'Eglise qui, *in abstracto*, n'impose aucune forme de gouvernement aux peuples, l'Eglise qui n'est ni parlementaire, ni royaliste, ni républicaine, l'Eglise ordonne de respecter ce qui est légitime, le pouvoir légitime ; l'Eglise est légitimiste.

Nos contradicteurs dans le clergé et dans la presse n'ont plus qu'à se soumettre à la décision de Léon XIII en harmonie avec la décision de Pie VI, de Grégoire XVI et de Pie IX.

S'il y a un pouvoir légitime, encore une fois, il y a un pouvoir qui ne l'est pas ; si le Pape nous dit qu'en politique comme en religion il y a un pouvoir légitime, c'est qu'il y a une légitimité. Si l'Eglise ordonne de respecter cette légitimité, l'Eglise est *légitimiste.*

Mais qu'est-ce à dire ? Que Léon XIII se contredit ? Loin de là.

L'Eglise, nous l'avons dit cent fois, ordonne de respecter la puissance légitime, le principat civil constitué, consacré par les lois fondamentales.

La République en Suisse et aux États-Unis est légitime ; la Monarchie anglaise est légitime. Etre légitimiste c'est respecter le pouvoir de droit, le pouvoir conforme au droit public, au droit national de chaque peuple, quelle que soit la forme du gouvernement.

L'Eglise n'impose aucune forme de gouvernement ; ce qu'elle condamne, c'est la souveraineté absolue du peuple, c'est la doctrine qui fait du peuple la source première de l'autorité, qui en principe vient de Dieu.

Voilà la doctrine que nous défendons. On nous accuse de confondre la politique avec la religion, de subordonner la religion à un parti politique.

Mais alors, ce qui est absurde, il faut faire retomber la même accusation sur Pie VI, sur Grégoire XVI, sur Pie IX, sur Léon XIII.

Voici pour finir un texte décisif :

Le *Syllabus*, paragraphe 7, condamne les propositions suivantes :

« Le droit consiste dans le fait matériel ; tous les devoirs des hommes sont un mot vide de sens, et tous les faits humains ont force de droit »

« L'autorité n'est autre chose que la somme du nombre et des forces matérielles. »

On vient de lire la condamnation du césarisme plébiscitaire faisant de la souveraineté du peuple et du nombre, la source du droit, du principe même de l'autorité.

Nous lisons encore dans le *Syllabus*, même paragraphe :

« Une injustice de fait couronnée de succès ne porte aucune atteinte à la sainteté du droit. »

« Il est permis de refuser l'obéissance aux princes légitimes et même de se révolter contre eux. »

Voilà bien encore la condamnation par Pie IX de la funeste doctrine du fait accompli ! Voilà bien encore la glorification de la doctrine légitimiste !

Dieu est avec nous puisque l'Eglise est pour nous... et la Révolution athée ne s'y trompe pas.

Nos contradicteurs ne diront plus que nous compromettons l'Eglise en défendant la doctrine de l'Eglise.

Ceux qui nous attaquent doivent avoir une secrète pensée : ils travaillent pour quelque usurpation nouvelle, car l'intégrité du droit leur fait peur.

Nos Conclusions

Voilà pour les principes de la politique chrétienne, mais il y a dans les faits contemporains, une légitimité politique que, en conscience, comme dit saint Paul, tout catholique est tenu de défendre, sous peine de cesser d'être catholique. Il y a un fait d'usurpation et de révolution ayant subi ou subissant parmi nous ses tranformations logiques, sous les trois formes : Empire, Orléanisme, République; or, ce fait de révolution, cette triple négation des principes constitutifs de la nation française, de la légitimité française, doit être condamné, réprouvé, combattu, en conscience, et selon les voies légales, par tout catholique français, sous peine de cesser d'être catholique. La Révolution est la négation de toute autorité divine et humaine, de la liberté des peuples, la négation de tout devoir et de tout droit. Tant que les principes qu'elle nie ne sont pas rétablis triomphants dans les faits, la Révolution parcourt en le recommençant le cercle vicieux de ses transformations logiques : Le parlementarisme orléaniste conduit à l'anarchie républicaine, laquelle engendre le despotisme césarien : triple athéisme dans la loi, faussant l'hérédité royale et usurpant les droits de la nation, passant au radicalisme religieux, social et politique en transformant en dogme la souveraineté absolue du peuple, ou par des coups d'Etat sanglants et violateurs des lois, incarnant dans un César d'aventure la souveraineté du peuple, pour étouffer avec elle les libertés légitimes de la nation et subordonner l'Eglise à l'Etat.

Tel est, philosophiquement résumée, l'histoire de nos quatre-vingt-dix ans de révolution.

Et l'on vient nous dire que l'Eglise catholique approuve tout cela, *agrée d'un même amour* Louis XVI et la République, Bonaparte et Charles X, Louis-Philippe et Henri V!... Confusion étrange, fruit du plus funeste des scepticismes! Quoi! l'Eglise mentant à tous ses préceptes, viendrait nous dire que tous les pouvoirs, que tous les régimes, se renversant brutalement les uns les autres, échafaudant les mensonges sur les crimes, et les invasions sur les ruines, doivent être honorés, servis, légitimés par notre obéissance intime!...

Cela n'est pas, cela ne peut être, ou la conscience humaine est un mensonge, l'histoire un rêve, la logique des événements une billevesée, la morale un néant.

Non, ce sont là des pouvoirs de fait, conséquence logique d'une première révolte contre la légitimité nationale.

« Dieu n'approuve pas tout ce qu'il permet, dit Fénelon : *Il y a certaines lois générales qui nous sont des marques, non seulement que Dieu permet les choses, mais encore qu'elles sont dans l'ordre.* Ces lois générales sont les fondements de ce qu'on appelle droit civil, et elles sont établies pour être *les règles constantes de nos devoirs, et les signes certains* DE CE QUI EST DE DROIT ET DE CE QUI NE L'EST PAS. »

Il le faut bien ainsi, sous peine de nier que Dieu, *ordonnateur* de toute chose, soit l'auteur de l'ordre social.

Or, nous connaissons ces *lois générales* qui sont les signes certains de *ce qui est le droit et de ce qui ne l'est pas.* Nous les avons exposées et étudiées longuement à la lumière, à la pure lumière du dogme évangélique, interprété par les Pères, par les Docteurs, par les Conciles, par les Papes. Nous connaissons les lois fondamentales de la Constitution quinze fois séculaire de la France ; nous savons que l'avenir est fils du passé, que le temps ne conserve que ce qu'il a contribué à fonder, qu'un peuple qui s'affaiblit doit se retremper dans ses principes, dans ses commencements, que les principes qui ont créé un peuple et l'ont conservé à la tête des nations en lui méritant le titre *de fils aîné de l'Eglise*, peuvent seuls le restaurer et le sauver. Nous savons, d'autre part, que la Révolution anti-chrétienne, fille de Luther et de Voltaire, unit dans sa haine et dans sa négation toutes les traditions de la France, la vérité religieuse et la vérité politique, et nous en concluons que ce qu'elle nie est voulu de Dieu et doit être restauré pour le salut de la nation, pour le salut des âmes, pour le triomphe de l'Eglise.

Mais indépendamment des lois générales, nous avons des marques providentielles et des faits éclatants de notre histoire nationale qui nous manifestent visiblement ce qui est de droit et ce qui est de fait, ce qui est légitime et ce qui ne l'est pas.

Le baptême de Clovis, inondant de clartés le berceau de la nationalité française ; la fidélité quinze fois séculaire du royaume très chrétien à l'égard de l'Eglise ; l'amour, la vénération des Papes pour la France ; la sainteté de Louis IX, la mission de Jeanne d'Arc mourant pour Dieu et le Roi ; l'éloignement de l'hérésie protestante, le retour à la foi catholique après un siècle d'incrédulité et le plus épouvantable des cataclysmes providentiels ; un roi martyr, confessant la foi avec l'épiscopat, le clergé et des millions de Français fidèles !... Ah ! n'y a-t-il pas, dans tout cela, le doigt de Dieu indiquant la loi du devoir à notre génération malade de révolution et d'athéisme ?... Il faut être aveugle pour le nier !

Mais descendons dans les faits humains et consultons l'histoire : elle va nous tracer en lettres de feu et de sang la marque de ce qui est de droit et de ce qui est de fait, de la légitimité et de l'usurpation, dans les régimes qui se sont succédé en France depuis 1789.

Indépendamment de la question doctrinale, les partis de révolution se reconnaissent à ce double fait, éclatant comme la lumière du soleil :

Les partis de révolution sont tous arrivés au pouvoir par des voies illégitimes et illégales, par un fait de révolution, et tous ont laissé la France amoindrie, livrée à l'anarchie ou à l'invasion étrangère.

La première République ne s'implante que par la violation formelle des mandats de la nation proclamant dans ses cahiers la monarchie héréditaire et représentative. Un monceau de ruines, une mer de sang porte au pouvoir le Directoire ; le 18 brumaire, violent coup d'Etat, élève le Consulat et l'Empire ; une révolte, une insurrection parisienne, une criminelle usurpation de famille intronisent la royauté de Juillet ; une révolution violente, l'usurpation d'un gouvernement provisoire sans mandat proclame la République de 1848 ; le Deux-Décembre, le complot brutal d'une nuit sanglante, porte au pouvoir Napoléon III, et nous aboutissons au coup de main du 4 Septembre, accompli en face de l'étranger. De ce coup de main est née la République Wallon, d'où est sortie la République Paul Bert !..., le jacobinisme athée

La Restauration de 1814 fut acclamée par la nation entière, elle fut un principe de nécessité, elle sortit de la logique d'une situation qui mettait la France au bord de l'abîme, et s'accomplit au milieu de l'enthousiasme universel, selon le républicain Carnot, à la satisfaction de tous les partis, selon Benjamin Constant, malgré l'étranger, selon Augustin Thierry et M. Thiers (1).

La Restauration, après avoir restauré nos finances, replacé la France au premier rang dans le concert européen, élevé le pays à un état de prospérité inouïe, ramené au point de vue des lettres, des arts et des sciences, comme un résumé du XVIIe siècle, la Restauration délivra la Grèce et succomba sous les coups d'un libéralisme menteur en léguant à la France deux cents lieues de côtes en Afrique.

Comment a fini la première République? Dans le sang. Comment a fini le premier Empire? Dans une double invasion. Comment a fini Louis-Philippe? Dans la Révolution du mépris, au milieu de son propre abaissement signalé par le prince de Joinville lui-même! en nous léguant le socialisme de 48. Comment a fini la deuxième République? Encore dans le sang des martyrs de Mai et de Juin, nous léguant l'Empire. Comment a fini le deuxième Empire? Ah! mon Dieu, Dieu vengeur de l'iniquité politique, vous nous l'avez montré le colosse au pied d'argile, s'écroulant dans la plus lamentable des défaites, dans la plus funeste des invasions, nous léguant la hideuse Commune, la perte de deux provinces, de dix milliards, du plus pur de notre sang inondant les champs de bataille de la honte!

Comment finira la troisième République? La logique souveraine répondra pour nous.

Et l'on veut que le doigt de Dieu ne soit pas présent dans ces quatre-vingt-dix ans d'histoire et de leçons visiblement providentielles.

Et l'on vient proclamer le culte du succès, la légitimité des faits accomplis (2)!

---

(1) Voir les preuves historiques dans notre *Question du XIXe siècle,* Dentu, 1866, pages 412 et suivantes.

(2) Voir notre brochure intitulée *La légitimité devant le catholicisme.*

LIVRE II

POURQUOI LE ROI N'EST PAS SUR LE TRONE

CHAPITRE PREMIER

LES FRONDEURS

I

La bombe Orsini qui, au mois de mars 1881, a tué le czar et ébranlé le monde, a jeté ses lueurs sinistres sur l'abîme creusé par la Révolution cosmopolite.

Depuis deux ans, le péril n'a cessé de s'aggraver.

Au moment où nous écrivons ces lignes, un vaste complot international anarchiste menace l'Europe entière ; les nihilistes russes donnent la main aux socialistes allemands, aux anarchistes français, aux révolutionnaires italiens, belges, anglais, irlandais, espagnols. Chaque jour, un fait sinistre révèle la profondeur du mal dont souffre la société moderne par l'affaiblissement ou la négation du principe d'autorité dans ses manifestations sociale, politique et religieuse.

L'Europe peut rouler dans cet abîme si les souverains et les peuples ne se hâtent de résoudre la question du siècle, le grand problème de l'union de l'ordre et de la liberté qui se cache dans cette lutte suprême entre la civilisation chrétienne et le radicalisme athée, cette barbarie nouvelle, plus terrible cent fois que la barbarie païenne; celle-ci était inconsciente et pouvait s'arrêter et s'arrêta, en effet, devant un héros armé du glaive ou devant un prêtre armé de la croix.

A la clarté du coup de foudre de Saint-Pétersbourg, chacun chercha la cause dont l'explosion brutale secouait la torpeur des plus indifférents et des plus sceptiques.

Le fait qui nous épouvante est l'incarnation d'une idée.

C'est la négation des principes proclamés, depuis un demi-siècle, par les légitimistes de France, qui trouble le repos du monde.....

Nous avons annoncé tout ce qui arrive et tout ce qui va se produire.....

N'en déplaise aux sophistes qui nous accusent de *vouloir* les catastrophes que nous prévoyons, nous maintenons nos doctrines d'ordre traditionnel, de liberté vraie, de progrès régulier, et nous continuons à prévoir que leur négation partielle ou totale conduit aux abîmes l'Europe en général, la société française en particulier.

Nous continuerons à affirmer que toute l'action des catholiques et des *conservateurs* de France doit aboutir au rétablissement de notre Monarchie nationale. Le salut immédiat n'est que là.

On a cru pouvoir violer impunément les lois constitutives des peuples; on a fait table rase des institutions éprouvées qui garantirent aux générations passées les bienfaits de la stabilité; on a prêché aux peuples ce sophisme que Dieu n'est pas l'auteur de l'ordre social; que l'indépendance absolue des nations à l'égard des lois morales était la première condition du progrès; d'autres ont soutenu qu'il n'y avait pas de politique orthodoxe, que la religion n'avait rien à voir dans la question de légitimité ou de révolution; que l'Eglise bénissait tous les pouvoirs établis; d'autres, que le succès légitimait le fait accompli; d'autres ont enseigné que le peuple avait le droit de détruire quand il lui plaît ses institutions et ses lois; que le nombre fait le droit..... Qu'en est-il résulté?

Ce que nos maîtres et nous avons prévu : les peuples trompés, révolutionnés par les factieux, ont cru que tous les moyens sont bons pour reconquérir les réalités de cette souveraineté absolue qu'on leur attribuait.

Les sectes anti-sociales, armées des griefs vrais ou supposés des peuples, ont livré l'Europe aux sociétés secrètes, à l'Internationale, aux pétroleurs français, aux nihilistes russes, aux socialistes allemands. Alors, la révolte armée a renversé les trônes; les réactions du despotisme militaire ont, sous prétexte d'ordre social, étouffé les libertés publiques et provoqué de nouvelles révoltes. Les grandes armées permanentes ont épuisé les ressources des peuples; les crises financières et industrielles ont suivi chacune de nos révolutions; la misère et la souffrance, multipliant les haines sociales et l'antagonisme des classes, ont rendu les masses ouvrières dociles aux enseignements des sectes socialistes; et comme le despotisme et l'anarchie sont également impuissants à secouer le joug des lois divines, et que la loi qui veut que les peuples se sauvent par le retour au principe violé ne souffre pas d'exception, il s'ensuit que le grand malentendu entre deux vérités nécessaires à la vie des peuples, l'autorité et la liberté, subsiste, menaçant de destruction, non la civilisation chrétienne, dont le flambeau ne peut s'éteindre, mais les civilisations matérielles des peuples dévoyés.

Supposons que le plan infernal des sectes anti-sociales se réalise; que la bombe Orsini achève son œuvre dans la famille impériale de Russie, ne peut-on pas voir un jour l'occident de l'Europe envahi par les hordes moscovites jetées hors de leurs voies, hors de leurs limites par les sectaires impies qui les avaient livrées à l'esprit de révolution?

Supposons que dans toutes les capitales de l'Europe, comme dans nos grands centres industriels, le complot anarchiste que toutes les polices de Saint-Pétersbourg, de Berlin, de Paris ne peuvent surprendre, ni étouffer, éclate simultanément au moment de l'attentat prédit par Hartmann pour le jour du couronnement d'Alexandre III, dans quel effroyable cataclysme la civilisation ne pourrait-elle pas tout à coup sombrer au milieu d'innombrables ruines et de torrents de sang!

Les vieilles prophéties populaires ne semblent-elles pas à la veille de se réaliser? La persécution contre l'Eglise, l'audace triomphante et le nombre des méchants, tous les moyens humains de salut paraissant manquer aux gens de bien, les perturbations atmosphériques et toutes les plaies providentielles qui frappent les fruits de la terre profanée par les blasphèmes, la violation de toutes les lois divines et de tous les droits humains, tout cela est annoncé depuis longtemps, ainsi que le triomphe final de l'Eglise et de la Royauté très chrétienne. Toutes ces pages prophétiques qu'il ne faut pas mépriser, si nous en croyons l'apôtre saint Paul et l'illustre de Maistre, s'accordent sur des points essentiels : la persécution religieuse, le triomphe momentané des sectes, une perturbation, une crise épouvantable, courte, mais terrible, puis le triomphe et le règne glorieux d'un grand Pape et d'un grand Roi.

Un journal français, appartenant à cette nuance d'opinion qui accusait naguère les royalistes de désirer les catastrophes, le *Moniteur universel*, imprima ces lignes désespérées, après le crime de Saint-Pétersbourg :

« On raconte qu'au plus fort de l'agitation et des troubles de Paris, en 1649, arriva la nouvelle de l'exécution du roi d'Angleterre, Charles Ier, et qu'aussitôt *l'opinion publique, se détournant des Frondeurs, les obligea à conclure la paix avec la cour*. L'assassinat de l'empereur Alexandre II a produit en France et en Europe un effet analogue, et on se demande de toutes parts *si notre vieux continent n'est pas menacé de quelque catastrophe*, si l'ordre social n'y court pas, un peu partout, les plus graves périls. »

Cela était dit avec précaution, à la façon parlementaire, mais l'épouvante s'en échappe avec un avertissement.

Il faut forcer l'opinion publique à se détourner des *frondeurs* et à conclure la paix avec..... le Roi.

Les *frondeurs*, ce sont les hommes qui amènent les catastrophes par leurs longues concessions à la révolution, à l'esprit d'usurpation, au *libéralisme* des sectes et qui nous accusent de vouloir ces catastrophes, que nous annonçons depuis trente ans.

Si ce n'est pas la pensée du *Moniteur*, c'est la nôtre.

II

Les légitimistes français ont seuls le mot de la situation, quand ils affirment, depuis 1830, que l'Europe ne retrouvera la paix et la sécurité que le jour où la France sera revenue à ses principes traditionnels d'ordre monarchique, de catholicisme et de liberté.

Les légitimistes français apportent seuls la lumière dans le chaos des opinions en lutte, quand ils affirment qu'ils ne constituent pas un parti, mais qu'ils sont les dépositaires des vérités sociales, religieuses et politiques nécessaires à la vie de la France.

Les légitimistes français donnent la preuve de leur bonne foi et de leur désintéressement, lorsque, depuis un demi-siècle, ils s'obstinent à conserver, à travers les régimes de révolution, ce dépôt des lois constitutives de l'ordre et de la liberté.

En dehors de nos principes, nous ne voyons que révolutions, guerres civiles, invasions étrangères, luttes sociales, budgets monstrueux, instabilité, perte de notre influence en Europe, isolement pour la France et les alternatives du despotisme césarien et de l'anarchie démagogique.

Est-ce vrai? Et nous ajoutons : avec nos principes nous pouvons tout, sans nos principes nous ne pouvons rien pour l'ordre social, pour la paix religieuse, pour les libertés publiques et la grandeur de notre patrie.

Si l'on croit conserver l'ordre social, sauver la liberté religieuse, sauvegarder les droits de tous avec l'Empire, avec la République ou le parlementarisme juste-milieu, qu'on nous laisse tranquilles, qu'on se coalise sans nous, qu'on recommence 1830, 1848, 1851, 1870, 1873, 1875; qu'on oppose à l'envahissement du socialisme les discours de M. Thiers, de M. Dufaure, de M. de Broglie, de M. J. Simon, mais surtout qu'on ne nous calomnie plus, qu'on ne nous accuse pas de vouloir les catastrophes que nous annonçons comme la conséquence de cet incorrigible orgueil constituant qui fait croire à certains catholiques, soi-disant libéraux, anciens députés ou anciens ministres de la République, qu'on peut fonder l'ordre sans le principe d'ordre.

Ces messieurs, ces habiles, trouvent tout opportun depuis trente ans, tout, excepté de rappeler le Roi.

Ils croient leur propre génie plus fécond, plus puissant que les principes qui ont fait la France de Clovis, de Charlemagne, de saint Louis et d'Henri IV. C'est en vain que la raison et l'expérience leur crient : la Révolution est la négation de Dieu, auteur de l'ordre social et de la légitimité, condition nécessaire de la stabilité de cet ordre et de la liberté française...; il faut donc, pour vaincre la Révolution, faire passer dans les faits le règne de Dieu et l'autorité du Roi.

Les habiles ne sont pas pressés; ils continuent à se coaliser en dehors des principes nécessaires; ils cherchent un *modus vivendi* avec tous les régimes de révolution.

Il y a certains hommes dont le passé est fait de concessions au mal, et que rien ne convertira.

Ces *frondeurs* auraient, en 1873, conclu la paix avec le Roi, si le Roi avait abdiqué entre leurs mains.

Ils se sont vengés du Roi en votant le septennat, en votant la constitution Wallon; aujourd'hui ils voudraient, avec deux ou trois dignitaires ecclésiastiques, fonder une république chrétienne qui les fît ministres ou présidents.

Il est certain que prévoir les suites inévitables de ce crime de lèse-patrie, de ce mépris du droit qu'on prétend servir, c'est rendre hommage à la justice divine, ce n'est pas appeler les catastrophes.

On peut se croire conservateur, ou catholique, ou libéral, mais on n'est rien de tout cela, si l'on conserve par de perpétuelles transactions, un état de révolution qui conduit logiquement à la destruction de l'ordre social, de la religion et de la liberté.

Les politiques qui, en 1873, ont fait obstacle à la Restauration, qui depuis ont voté le septennat et la constitution républicaine sont responsables des conséquences produites par ces faits de révolution. La persécution contre l'Eglise et l'enseignement chrétien est le résultat de cette conduite anti royaliste et anti-nationale.

III

Ces mêmes hommes qui ont osé accuser nos amis d'attirer contre le clergé et les religieux, par leur opposition légale et leur propagande légitimiste, les sévérités du pouvoir républicain, ces mêmes hommes qui nous reprochent de sacrifier les intérêts religieux à une opinion politique, oublient qu'eux-mêmes ou leurs amis, pour fonder cette union libérale qui devait enfanter le ministère Ollivier, et pour rendre possible leur coalition immorale avec les Jules Favre, les Jules Simon, les Picard, ils établirent, dans leur organe, le *Correspondant* du mois de mars 1869, la nécessité d'écarter du programme électoral la question dynastique et *même la question religieuse!*

CHAPITRE II

LES COALITIONS

I

Continuons à étudier l'action royaliste dans ses luttes avec le système des coalitions imaginées au nom de l'union conservatrice et de l'union libérale, coalitions qui ont été essayées en dehors de nos principes véritablement CONSERVATEURS de l'ordre social et PROTECTEURS des libertés publiques.

Nous avons vu que cette union fictive des partis tentée, depuis trente ans, en 1850, en 1863, en 1869, en 1873, pour sauver l'ordre social ou reconquérir des libertés perdues, n'avait rien sauvé du tout et avait été pour les légitimistes et pour la France une cause de douloureuses déceptions.

Le *grand parti de l'ordre* formé et présidé, en 1850, par Thiers, Guizot, Berryer, Montalembert et Falloux, aboutit à la funeste loi du 31 mai qui privait de leurs droits trois millions d'électeurs, et prépara ainsi le succès du coup d'Etat de Décembre. Cette coalition, loin de sauver l'ordre social, livra la France au despotisme de l'Empire, au travail du radicalisme socialiste, à cette décomposition sociale qui, seule, aurait suffi à expliquer nos derniers désastres militaires; n'oublions pas la papauté temporelle, abandonnée par Napoléon III aux rapacités de la révolution italienne.

L'union libérale, soutenue encore, sous l'Empire, par Thiers Berryer et de Falloux, aboutit au triomphe des hommes qui ont fait le 4 septembre en face de l'invasion étrangère.

Plus tard, ce fut au nom de l'union conservatrice que, dans 26 départements, les électeurs royalistes portèrent M. Thiers; et nos amis ont pu voir depuis comment M. Thiers a compris son mandat et comment il a tenu ses serments de Bordeaux. M. Thiers, on s'en souvient, voulut *organiser la France avant de la reconstituer* : c'était vouloir meubler la maison avant de la bâtir.

Il faut bien rappeler l'histoire d'hier puisqu'on l'oublie tous les jours.

Quelle est donc la cause de l'insuccès constant de ces coalitions préconisées et dirigées, cependant, par des hommes d'un vrai mérite? La cause en est tout simplement en ce que ces grands politiques ont méconnu cet axiome : *l'union ne se fonde que dans l'unité, et l'unité ne se réalise que dans la vérité des principes.*

On ne pouvait pas sauver la société en laissant à l'écart le principe de la légitimité qui est le fondement de l'ordre social. On ne pouvait reconquérir les libertés perdues ou conserver les libertés reconquises en proscrivant de l'union libérale les principes d'ordre traditionnel, le catholicisme et la monarchie, qui seuls rendent la liberté possible.

Si Berryer, qui n'a jamais eu de haine au cœur, était encore de ce triste monde, il serait avec son Roi et la France royaliste ; il serait à la tête du mouvement qui entraîne les masses sous le drapeau de l'union monarchique Il serait assez grand, assez généreux pour se séparer des habiles ; s'il manque à nos luttes, il nous a laissé son adieu suprême au Roi comme un immortel testament.

Poursuivons :

Les coalitions des partis qui gardent en réserve, pour le lendemain des élections, leurs erreurs révolutionnaires et leurs prétentions exclusives, ne profitent qu'à la Révolution, puisqu'elles maintiennent la division de l'esprit public sur les points essentiels. On feint de s'accorder sur un point qu'on appelle un terrain commun, pour battre en brèche le parti qui est au pouvoir : c'est une étrange illusion, un mensonge, une duperie tout à l'avantage des ambitieux sans conviction, tout au détriment des hommes de principes, qui ont abandonné leurs principes pour entrer dans la coalition.

Ce terrain commun est tantôt l'ordre, tantôt la liberté; mais voilà trente ans que nous disons que ce n'est pas sur les mots qu'il faut s'accorder, mais sur les choses, sur les conditions de l'ordre et de la liberté. Le républicain, l'orléaniste et le bonapartiste veulent l'ordre et la liberté et même la religion, la famille, la propriété, et nos amis savent bien cependant que ces grandes choses ne peuvent renaître, triompher et prospérer qu'à l'abri de l'autorité vraie, de l'idée sociale de légitimité.

Voilà ce que nous avons démontré bien souvent, dans nos trente années de luttes, et ce que prouve l'expérience acquise depuis 1848, et cependant les mêmes illusions subsistent encore chez un certain nombre de catholiques qui croient aujourd'hui sauvegarder les intérêts religieux en se coalisant avec les partis de révolution!

Nous voyons ces catholiques, en dépit des faits, revenir toujours à leurs illusions : aujourd'hui la persécution religieuse les ramène, non à leur ancienne union libérale, mais à la récente et malheureuse union conservatrice sur le terrain *commun* des seuls intérêts religieux.

En quoi consiste cette coalition ? A faire appel aux électeurs catholiques de tous les partis, à les engager à voter pour des candidats catholiques ou qui se proclament tels à l'heure du scrutin, à concentrer tous les efforts vers ce but : battre en brèche dans les élections les ennemis de l'Église et de l'enseignement chrétien, et conquérir une majorité parlementaire qui rapporte les décrets de persécution et ramène l'âge d'or de la liberté religieuse.

Pour rendre *possible* cette coalition électorale, cet accord accidentel des catholiques de toutes les opinions, il faut, d'après les promoteurs du système, mettre de côté, c'est-à-dire en dehors du programme commun, *les questions qui nous divisent ;* c'est l'expression consacrée.

Quelles sont ces questions? Ce sont celles qui se rattachent à la forme du gouvernement ; ce sont aussi celles qui touchent aux libertés autres que la liberté religieuse, au droit public ancien ou nouveau, à l'économie politique, à la science, aux lettres et aux arts.

Mais la question qui passionne et divise le plus, celle qui doit par conséquent être surtout écartée, c'est celle qui se rapporte à la forme du gouvernement.

Les catholiques soit-disant libéraux, dont nous parlons, nous disent : « La lutte que soutiennent les catholiques contre nos gouvernants actuels est purement religieuse. Les intérêts de l'enseignement chrétien, les intérêts de l'Eglise et de la liberté religieuse doivent et peuvent être défendus et sauvegardés par les catholiques de tous les partis. Gagnons d'abord la bataille ; après, nous verrons. »

Après, nous verrons ce que nous n'avons cessé de voir depuis trente ans : la Révolution sortir rajeunie du produit de la coalition. Cela se comprend, car pour rendre la coalition possible, encore une fois, les hommes de principes, les légitimistes qui ont pour programme de défendre en même temps les droits de Dieu, les droits du Roi, les droits du peuple, auront été forcés de déposer leur armure, c'est-à-dire les principes politiques et sociaux consacrés par le droit public traditionnel, et qui peuvent seuls assurer le règne de l'ordre moral sans lequel il n'y a pas de paix pour l'Eglise, de sécurité pour la liberté religieuse, les droits de la famille, la fortune publique et les propriétés privées.

II

On nous rappelle ici la fameuse métaphore, relative à l'incendie et aux pompes : il faut courir au plus pressé ! Mais si les pompiers qui se coalisent avec vous répandent du pétrole au lieu d'eau ; si ce sont des Jérômistes déguisés en catholiques et qui, arrivant au pouvoir par votre concours, activent le feu de la démagogie pour préparer la voie au césarisme... cela s'est vu ! aurez-vous sauvé la liberté religieuse ?...

Qu'on le sache donc, les légitimistes, comme le Roi, peuvent tout par leurs principes, ils ne peuvent rien sans eux, et s'ils prêtent leurs voix à des catholiques *révolutionnaires*, restant révolutionnaires, avant, pendant et après les élections, ils trahissent la vérité, car ils laissent croire que la liberté chrétienne est possible sous la République, que l'ordre social peut être sauvé sans le principe d'autorité.

Prenons un exemple : qu'un catholique républicain tel que M. Lamy se porte candidat ; nous ne pouvons pas, nous ne devons pas voter pour lui, s'il reste républicain, car la République c'est la révolution : conservatrice ou non, elle conduit aux catastrophes. Plus M. Lamy sera de bonne foi, plus son erreur sera dangereuse ; c'est la République modérée des Girondins qui enfanta la Terreur.

Que M. Lamy se proclame légitimiste dans le grand sens du mot : il est catholique, nous le croirons et tous nos amis voteront pour lui en s'effaçant devant lui avec enthousiasme.

Les sceptiques politiques, les fortes têtes qui ont conduit la France où elle est, en la faisant passer par les voies du parlementarisme *catholique*, de l'impérialisme *catholique*, du républicanisme *catholique*, nous font cette suprême objection : Royalistes, si vous ne vous coalisez pas, vous resterez seuls sur le champ de bataille électoral.

Nous avons déjà prouvé, l'histoire en main, que les coalitions, dans le passé, loin de nous faire triompher, n'ont servi qu'à faire arriver les pires ennemis de la Religion et de la Monarchie, et à perpétuer la révolution sous une forme ou sous une autre. Nous pouvons répondre encore que si nous restons avec la vérité des principes nécessaires à la vie de la France, nous ne serons pas seuls : des catholiques devraient comprendre cela.

On ne peut pas se sauver sans nos principes. D'ailleurs, nous ne cesserons pas de le répéter, nos principes triomphent toujours ; ils triomphent par le bien qu'ils produisent directement quand on les applique ; ils triomphent encore, quand on les nie, par le mal que produit leur négation.

Voyez ce que, depuis 1830, les habiles ont fait sans nous.

Nous propageons nos idées ; nous constatons que le mouvement catholique actuel est l'œuvre des seuls royalistes ; nous prouvons qu'en France, le catholicisme ne peut triompher que par le triomphe de la légitimité. Nos principes sont les principes qui ont créé la grandeur de la France ; ils ont été proclamés par l'unanimité de nos pères, en 89, avant l'heure de la révolte qui divisa la France en partis. Tous les cœurs honnêtes, toutes les intelligences droites peuvent les revendiquer.

Certainement, la situation actuelle est difficile ; mais la position respective des partis s'est simplifiée ; l'orléanisme peut bien survivre encore dans la tête de quelques ducs, rêvant le rôle de maires du Palais, mais les orléanistes sont ralliés à la monarchie ; la bourgeoisie est, comme le peuple, républicaine ou royaliste ; l'impérialisme s'est effondré sous la main de Dieu ; il ne reste debout, en face de la République, que la royauté nationale, la monarchie héréditaire et représentative.

Notre foi catholique et royaliste est raisonnable ; voilà pourquoi nous combattons toujours l'abstention, pourquoi nous proclamons toujours la nécessité de l'action catholique et royaliste dans les élections.

Le peuple suit celui qui marche. Il nous suivra si nous marchons, avec notre drapeau, avec notre programme d'ordre et de liberté, à la tête des revendications religieuses.

III

Dans l'erreur que nous réfutons en ce moment, nous retrouvons les restes de ce funeste indifférentisme politique qui, considérant comme tout à fait secondaire la question de la légitimité des souverains temporels, a permis à des notabilités catholiques d'accepter, de glorifier, depuis cinquante ans, toutes les usurpations, tous les faits accomplis en violation des lois fondamentales de la monarchie.

Nous avons combattu, toute notre vie, cette déplorable erreur qui a désarmé certains catholiques en face des persécutions et des spoliations qui ont amené la chute du pouvoir temporel de la Papauté. La Révolution italienne a pu, en effet, en vue d'un intérêt qu'elle considérait comme majeur, violer le droit public de l'Europe et fouler aux pieds la légitimité temporelle des papes. Les catholiques dont nous parlons, ayant accepté les faits accomplis de 1830, de 1848, de 1851, n'avaient pas le droit de protester.

Toutes les royautés légitimes étant vouées à l'exil, la légitimité politique du Pape-Roi devait succomber : tous les droits sont solidaires, toutes les légitimités se tiennent, comme toutes les vérités, comme toutes les erreurs.

Nous ne voulons pas ranimer ici une controverse qui nous conduirait trop loin ; nous ne voulons pas examiner l'importance capitale que doit avoir, aux yeux des catholiques, la question de la légitimité politique, affirmation des lois constitutives de l'autorité, dans un pays qui compte quatorze siècles de monarchie chrétienne ; nous avons accumulé les textes sacrés, les décisions des conciles et des papes sur l'obéissance, l'honneur et le respect intérieur dus aux puissances de droit ; qu'il nous suffise d'indiquer cette thèse historique et doctrinale à la fois : il y a en France un fait de révolution imposé par la force en violation du droit national. Les sectaires de la Révolution nient et veulent abolir, en les confondant dans leur haine, les traditions sociales, religieuses et politiques de la France. Ce ne sont pas les abus déjà condamnés par la France et par le progrès de la civilisation, que la Révolution veut détruire, c'est la religion, la liberté, l'autorité.

Pour combattre efficacement la Révolution, il faut affirmer hautement les vérités qu'elle nie, il faut inscrire sur le drapeau des défenseurs de l'ordre social ces trois vérités, ces trois légitimités, le droit de Dieu, le droit du Roi, le droit du peuple.

La question politique est, en France comme en Europe, traditionnellement et logiquement liée à la question religieuse.

Répétons-le :

L'Eglise catholique n'est certainement ni royaliste, ni républicaine, ni impérialiste ; mais parce qu'elle est catholique, l'Eglise est légitimiste : elle prescrit chez tous les peuples, quelle que soit la forme de leur constitution nationale, le respect absolu des lois fondamentales de l'autorité et de la liberté.

En Suisse et en Amérique, par exemple, les légitimistes sont les républicains ; en France les catholiques ne peuvent pas n'être pas légitimistes, c'est-à-dire royalistes et défenseurs des libertés nationales.

Le respect de la loi traditionnelle qui règle l'autorité et l'exercice des droits civils et politiques est, pour les catholiques, un devoir de conscience : c'est une question d'intelligente droiture chez les honnêtes gens de tous les partis.

Voilà ce qui explique la solidarité étroite qui rattache historiquement et logiquement la monarchie nationale de France à l'idée chrétienne. La Royauté légitime restaurée pourra seule regarder en face la liberté des consciences, la liberté religieuse et respecter, protéger tous les droits violés par la Révolution, parce qu'elle sera elle-même le Droit.

IV

Le dualisme contemporain, la grande lutte actuelle est entre la Révolution et la Légitimité.

Nous savons bien que la vérité religieuse est hiérarchiquement supérieure à la vérité politique ; mais Dieu a voulu par l'établissement des lois qui sont ses volontés et qui président à la bonne organisation de l'ordre social, dont l'ordre politique fait partie, nous montrer évidemment la nécessité, pour les peuples, de réaliser librement, sur la terre, certaines conditions d'ordre temporel sans lesquelles l'Église souffre, les consciences se troublent et se pervertissent, et les peuples succombent.

« La politique, dit Bossuet, c'est la morale appliquée au gouvernement des peuples. »

Or, la morale a pour sanction le dogme chrétien ; la légitimité, loi de morale universelle, qui consacre les droits des souverains et des peuples, est donc étroitement unie à la vérité religieuse.

Que faut-il donc faire ?

Démontrer sans cesse et toujours la nécessité de rappeler le Roi pour sauver la liberté française, la liberté religieuse en France et en Europe. Il faut inscrire hardiment et courageusement sur notre programme la vérité complète, toutes les conditions de la vie nationale : le catholicisme, la monarchie et la liberté. Il faut faire appel, en vue des catastrophes prochaines, à tous les cœurs honnêtes, à toutes les intelligences droites, à la raison de tous, pour constituer enfin la véritable union conservatrice de l'ordre social, politique et religieux, l'union catholique et monarchique...

Agissons à ciel ouvert, Dieu fera le reste.

CHAPITRE III

LA POLITIQUE DES EXPÉDIENTS ET LA POLITIQUE DES PRINCIPES

I

Sous ce titre et à l'occasion des discours prononcés à Vannes et à Lille par MM. de Mun, Lucien Brun et Mayol de Lupé, l'*Union de l'Ouest* publia en avril 1881, un article sur lequel nous dûmes attirer l'attention de nos amis.

La ligne préconisée par les orateurs royalistes, qui est aussi celle que nous avons nous-même constamment suivie dans notre carrière de publiciste, ayant reçu par les lettres du Roi une solennelle consécration, nous devons croire que l'*Union de l'Ouest* voulut donner à son étude critique toute la portée d'un manifeste dirigé contre le programme même du Roi qui a rallié l'unanimité de la presse légitimiste

Nous constatons cet accord pour montrer que l'union est faite dans le sein de notre grande opinion. Nous ne voulons pas que ceux à qui nous répondons puissent supposer que nous entendons courber leur dignité d'homme et de citoyen sous des formules dictées par l'altière volonté d'une dictature morale. Il n'y a pas d'*infaillibilité* politique dans l'opinion royaliste ; nous descendons tous de ces Francs qui, dans leurs libres assemblées, agitaient leur framée pour marquer leur assentiment, et se rendaient, dit Tacite, à la puissance des raisons plutôt qu'à celle de l'autorité. Mais s'il n'y a pas d'*infaillibilité* dans l'opinion royaliste, il ne doit pas y en avoir non plus dans le camp des frondeurs qui se séparent de la presque totalité des organes légitimistes de France et qui ne tiennent compte ni des raisons, ni de l'expérience, ni de l'autorité du Roi.

Il est de notoriété publique que l'*Union de l'Ouest* est rédigée sous l'inspiration de M. le comte de Falloux. Si l'article auquel nous répondons n'a pas été écrit par M. de Falloux lui-même, il n'a pu très certainement paraître dans l'*Union de l'Ouest* sans son autorisation expresse.

Nous voulons par là préciser les responsabilités qu'on cherche à fuir tout en accusant les orateurs royalistes de ne pas désigner de noms propres quand ils attaquent la politique d'expédients; nous voulons aussi écarter de notre critique tout ce qui pourrait troubler l'œuvre de réconciliation dont les déclarations royales et la grandeur des événements nous font un devoir à tous.

Oui, l'accord est fait dans l'opinion royaliste. Les vieilles dissidences qui se manifestèrent au congrès de Tours ont cessé; nous devons le dire à tous nos amis afin qu'ils sachent bien d'où vient la division si elle essaye de pénétrer dans leurs rangs.

Tous les journaux royalistes de Paris et de province, de Lyon à Bordeaux, de Marseille à Angers, de Toulouse à Lille ont manifesté leur accord au sujet de l'union des catholiques sur le terrain du droit monarchique pour sauver l'ordre social et la liberté chrétienne.

La situation des partis simplifiée par l'action de la Providence, dans les événements de ces dix dernières années, ne laisse plus en présence, dans la crise des solutions prochaines, que la République et la Monarchie. Tout ce qui est catholique ne voit de salut pour la religion, l'ordre social et la liberté que dans le triomphe de la Royauté française... La logique, l'expérience, le travail des idées, tout porte l'opinion vers ce rapprochement des esprits et des cœurs; cependant l'*Union de l'Ouest*, enveloppée dans sa solitude et dans sa propre *infaillibilité*, voulut lancer son manifeste de discorde au milieu du camp royaliste...

Emparons-nous donc de ce document qui nous offre le fond et la forme des éternelles accusations dirigées par les hommes d'expédients contre les hommes de principes.

On ne dira pas que nous affaiblissons les arguments de nos contradicteurs.

II

Après avoir, sous une forme où l'ironie domine et à l'aide de quelques citations qui demanderaient à être complétées, résumé la thèse soutenue par les royalistes, l'auteur de l'article publié par l'*Union de l'Ouest* adressait au rédacteur de cette feuille, les questions suivantes :

« Mais enfin, Monsieur le rédacteur, qui sont donc, où sont donc les singuliers conservateurs et les étranges catholiques que MM. de Mun, Lucien Brun et Mayol de Lupé dénoncent ainsi au pays? Où sont donc, je le répète, qui sont donc ces conservateurs sans traditions, sans opinions, sans croyances, que leur scepticisme rend indifférents à tout, au bien comme au mal, à la République comme à la Monarchie, au régime réparateur qui sauverait et relèverait la France, comme au régime néfaste qui l'abaisse et la perd?

« Où sont donc, qui sont donc ces catholiques également bien avec le pour et le contre, regardant du même œil les amis et les ennemis de l'Eglise, saluant du même sourire ses défenseurs et ses persécuteurs? Il faudrait le dire; au bas de pareils portraits *il faudrait des noms propres*, et en vérité les trois éloquents conférenciers manquent à leur devoir en ne démasquant pas ces indifférents, ces égoïstes, ces hommes d'expédients que rien n'éclaire, que rien ne touche, que rien n'émeut, et qui, au choix, ne donneraient pas une épingle de la Monarchie traditionnelle ou du gouvernement de Gambetta.

« Pratiquait-il l'indifférence politique, l'orateur illustre qui, au mois de juillet 1851, pressentant l'approche de l'Empire, montait à la tribune et dans le plus magnifique langage réclamait à la fois la révision de la Constitution républicaine et le rétablissement de la Monarchie légitime et héréditaire? « Nous le « croyons sincèrement, disait un journal du temps, si la France, convoquée et « attentive, avait pu voter sous la magie d'un pareil discours, révision, élection, « Constitution, seraient désormais des mots vides de sens, la Monarchie serait « faite. »

Arrêtons-nous ici pour le moment. Il nous paraît imprudent de la part de l'*Union de l'Ouest* de demander *si l'illustre orateur qui en 1851 réclamait à la fois la révision et le rétablissement de la monarchie légitime, pratiquait l'indifférentisme politique*...

Il est évident que l'illustre orateur de 1851 pratiquait alors la politique des principes, celle que nous revendiquons, celle que recommandent les lettres du Roi.

Comment ce qui était vrai en 1851 ne le serait-il plus aujourd'hui? .. Au lieu d'un coup d'Etat et d'une dictature impérialiste, nous prévoyons aujourd'hui la tentative éhontée d'une dictature démagogique et prolétarienne.

Avant de répondre nous-même aux questions posées par l'organe de M. de Falloux, établissons ce que les royalistes appellent la politique des expédients et la politique des principes; nous reconnaîtrons aisément alors ceux qui ont suivi l'une ou l'autre de ces politiques.

Les assertions et les définitions de notre contradicteur ne sont en rapport ni avec la théorie, ni avec les faits.

Les amis de M. de Falloux affirment, par exemple, que *nous voulons associer intimement l'Eglise et le clergé de France aux revendications monarchiques sur le terrain électoral.*

Cette assertion n'est pas exacte. Dans les polémiques de ces derniers temps, la presse royaliste, à propos des accusations de l'*Aurora*, a répété sur tous les tons que les royalistes ne voulaient pas inféoder l'Eglise à un parti ni mêler le Saint-Siège aux luttes politiques qu'ils soutiennent contre la Révolution. Ils se sont contentés d'affirmer que l'Eglise ne pouvait, *doctrinalement*, consacrer la neutralité entre la Légitimité et l'usurpation; ils ont dit avec Léon XIII que l'obéissance à ceux qui *détiennent le pouvoir* ne pouvait impliquer le mépris des droits de la souveraineté, ni l'approbation de ce qu'il y a d'injuste dans la constitution et l'administration des pouvoirs de fait. Les royalistes croient que, en tant que citoyens français, les membres du clergé et les catholiques ne peuvent rester indifférents, soit au point de vue doctrinal, soit sur le terrain de la politique pratique, entre le pouvoir de droit et le pouvoir de fait, entre la tradition et la Révolution.

Nous défions nos adversaires d'ébranler cette doctrine ou d'affirmer ouvertement qu'ils la nient ou qu'ils l'acceptent.

S'ils l'approuvent, leur thèse contre la politique royaliste s'écroule; s'ils la nient, ils nient le *Syllabus* et la lettre de Léon XIII à l'archevêque de Paris, que nous avons déjà citée.

III

La politique des principes consiste pour les royalistes à se soumettre aux pouvoirs de fait, par respect pour l'ordre matériel et parce qu'ils condamnent la révolte, tout en consacrant leur énergie à faire triompher par toutes les voix légales, les principes violés par la Révolution, c'est-à-dire le pouvoir de droit.

La politique des principes consiste à ne jamais reconnaître la légitimité du succès, du fait accompli en violation des lois fondamentales.

En France, les lois fondamentales sont : le catholicisme, la monarchie héréditaire et la liberté représentative.

La politique de principes consiste à ne jamais désespérer de la cause du droit, de la puissances des idées vraies et de la Providence divine qui veut que les peuples se sauvent par les principes qui les ont créés et conservés.

La politique de principes consiste à repousser, en ce temps de révolution et sous tous les régimes de révolution, toute situation politique pouvant passer, de la part de celui qui l'accepte, pour une adhésion au fait usurpateur issu de la souveraineté absolue du peuple, fondement de la Révolution et que condamne la loi chrétienne.

L'indifférence politique ou la politique des expédients consiste à accepter des positions élevées sous des régimes de révolution, ce qui fait croire au peuple que le bien peut se réaliser, que la société peut être sauvée, que la liberté chrétienne peut prospérer par le fait de l'usurpation; ce qui entraîne cet autre danger que les conséquences mauvaises d'un régime violateur du droit peuvent être imputées aux principes des royalistes devenus ministres de ce régime.

L'indifférence politique ou la politique des expédients consiste à écarter toujours, dans les coalitions électorales, la question du droit monarchique ; à s'allier, comme en 1850 et depuis 1870, avec les adversaires de l'ordre monarchique pour sauver l'ordre social; ce qui, depuis trente ans, fait supposer au peuple de France que l'ordre social, tel que l'entendent les *conservateurs*, n'a rien de commun avec le droit, avec la légitimité nationale et royale, et que la royauté traditionnelle qui a créé ou sauvé notre triple unité territoriale, politique et religieuse, n'a rien à voir dans le salut de la France et ne doit être soutenue et rappelée que lorsque l'ordre moral, la liberté et la religion auront été sauvés par les républicains ou les bonapartistes alliés à M. de Falloux.

L'indifférentisme politique consiste à se coaliser pour conquérir la liberté avec les démocrates, en écartant toujours du programme électoral, comme en 1863 et 1869, la défense du principe monarchique; ce qui amène inévitablement le triomphe du parti qui affirme ses principes, comme cela s'est vu au 4 septembre 1870, et la déroute des habiles qui cachent leur drapeau, comme cela s'est vu bien des fois depuis trente ans.

Car enfin, n'est-ce pas le système des coalitions faites en dehors de nos principes qui a été expérimenté en 1850, en 1863 et 1869 et depuis 1870 ?... Qu'a produit ce système préconisé par les habiles ? Que nous serait-il arrivé de pire, si, depuis trente ans, tous les royalistes unis dans un même programme d'ordre et de liberté, avaient, comme *l'illustre orateur de 1851, réclamé la révision des constitutions imposées et le rétablissement de la monarchie héréditaire?*

Eh bien ! c'est au journal qui connaît mieux que personne la politique pratiquée par M. de Falloux à nous prouver que cette politique a toujours été la politique des principes et non celle des expédients.

IV

La feuille de M. de Cumont abordait ensuite la critique du programme des royalistes par ces lignes où l'ironie se mêle au sarcasme :

« Si je dis : — Partons, marchons, courons, allons de l'avant, drapeau blanc à la main, panache blanc au chapeau, abordons le champ de bataille électoral au cri de « Vive le Roi ! » sans consulter personne, sans savoir qui nous suit et même si on nous suit, car la question n'est pas de vaincre, mais de montrer qui nous sommes et de dire ce que nous voulons, si je dis cela je suis un bon royaliste, un vrai, un pur, en un mot je suis l'homme de la *politique des principes.* »

L'auteur de ces lignes peu sérieuses, dont la portée morale révèle et explique bien des défaillances passées, avait soin, après avoir défiguré la doctrine royaliste de la livrer à la risée de nos ennemis : notre contradicteur s'appliquait à mériter les applaudissements de la *République française* et des *Débats*.

Cela s'appelle défendre la liberté religieuse et préparer le triomphe de la Monarchie.

L'organe de M. de Falloux continuait sur ce ton, et prenant la contrepartie de l'hypothèse précédente, il développait cette pensée :

« Si je dis... les conservateurs de toute opinion, de toute nuance ont un terrain sur lequel ils peuvent se réunir, s'accorder, s'entendre pour combattre le triste, l'odieux gouvernement qui pèse aujourd'hui sur la France. Ce terrain, c'est celui de la liberté religieuse, de la liberté d'enseignement, etc. Il est excellent, n'en changeons pas. Nous autres royalistes, nous ne pouvons que gagner à cette réserve prudente. Des hommes qui se rapprochent et s'unissent sur une question telle que la liberté de conscience, sont bien près de s'entendre sur les questions politiques... »

Voilà bien le langage des hommes de la politique des expédients qui, depuis 1848, n'a jamais rien expédié De 1849 à 1851 le *grand parti de l'ordre* vit se réaliser, pour la première fois, la coalition des *conservateurs de toute nuance:* Thiers, Berryer, Falloux, Montalembert et quelques chefs du parti républicain modéré Cette coalition aboutit à la confusion la plus lamentable, à la loi du 31 mai qui privait trois millions d'électeurs des campagnes de leurs droits électoraux, et qui devint l'arme que le prince Louis Napoléon retourna contre la majorité, contre la coalition parlementaire, pour assurer son coup d'Etat...

L'empire *a été fait* par la faute de la coalition : Napoléon marchait à l'empire, il avait un but précis ; pendant trois ans la politique des expédients fit taire les royalistes et, sous prétexte de sauver *la religion, la famille et la propriété,* repoussa toute affirmation, toute propagande monarchique, et ne se trouva d'accord sur rien quand il fallut prévenir l'empire et la dictature.

Depuis lors le même résultat négatif a toujours suivi l'application du système cher à M. de Falloux.

Si nous pouvions rétablir la monarchie en l'écartant éternellement de notre programme électoral, et en nous alliant toujours avec les adversaires de la monarchie, la logique perdrait ses droits ; c'est l'absurde qui aurait raison...

Eh bien ! c'est cet absurde qui a fait tout le fond de la politique pratiquée, pendant trente ans, par M. de Falloux et ses amis !

L'organe de M. de Falloux terminait en parodiant toujours le programme royaliste et, transformant notre propagande orale ou écrite, dans toute la France, en faveur de la raison monarchique, en un accès de sentimentalisme étroit, il en arrivait à révéler toute la pensée secrète de celui qui l'inspire : cette pensée de révolte, la voici :

« Le drapeau blanc est un noble drapeau, que salue avec une respectueuse émotion quiconque a l'âme française. Mais quand on me dit que sur le terrain électoral il serait le gage de la victoire, je réponds avec certitude qu'il déciderait la défaite. Vive le Roi ! Ce cri de l'honneur et de la gloire que nous renvoient tous les échos de la vieille France, ce cri que chacun de nous répète au fond de son cœur, ne saurait être encore à l'heure présente le cri de ralliement du suffrage universel. Si l'on ne veut pas nous croire, on est libre de tenter l'expérience. Nous ne nous y associerons pas, parce que nous ne nous associerons jamais à des tentatives et à des procédés politiques dont le seul effet est d'entretenir contre la monarchie des préventions funestes et d'ajourner indéfiniment le triomphe d'une cause qui nous est chère. Nous ne sommes pas de ceux qui s'imaginent que le trône est relevé et le roi couronné par la seule vertu du cri de : Vive le Roi ! poussé à la fin d'un banquet ou d'un discours. Il en est de cela comme du royaume des cieux, où l'on n'entre pas à la simple condition de crier sans cesse : Seigneur ! Seigneur ! »

Voltaire eût mieux écrit, mais il n'eût pas mieux défiguré la vérité des faits, des situations et des idées !...

L'heure ne sera donc jamais venue de *paraître* royaliste ? et faudra-t-il attendre notre triomphe de la propagande que les républicains et des bonapartistes, aidés de M. de Falloux, feront en faveur de la Monarchie ?

Faut-il laisser les masses s'unir toujours sur le terrain des libertés que les régimes de révolution ne cessent de nous ravir, en leur disant toujours que la Monarchie est impossible avec son programme et son drapeau.. ?

Voilà pourtant la politique des habiles qui s'affirment comme des royalistes *prudents !*....

L'écrivain de l'*Union de l'Ouest* a demandé *des noms propres*, a supplié M. de Mun, M. Lucien Brun, de donner des noms propres.....

En voici un :

M. le comte de Falloux pratiquait-il la politique des principes ou la politique des expédients, quand il a écrit dans le *Correspondant* du mois de mars 1869 ses articles en faveur de la coalition électorale avec les républicains qui ont fait le 4 Septembre, et où il établit que pour rendre cette coalition possible, il faut écarter la question dynastique et même la question religieuse ?

Nous citerons les textes plus loin.

M. le comte de Falloux était-il pour la politique des principes royalistes ou pour la politique des expédients, quand il écrivait, le 25 février 1848, à un ami, cette lettre que nous retrouvons dans la *Gazette de France* du 24 janvier 1856, et où nous lisons, au sujet de la révolution de février, ces lignes étranges :

« Le mouvement actuel a cela d'évident qu'il ne peut blesser aucune conscience. Il ne s'agit pas d'une fidélité à transporter lâchement d'un prince à un autre ; il ne s'agit pas d'une ambition à badigeonner de la couleur du jour ; désormais, c'est le gouvernement de tous pour tous qu'il importe de régulariser ; c'est la société dans sa plus large, dans sa plus haute acception, qu'il importe de défendre. Que personne donc de nous ne s'y méprenne, que personne ne s'arrête un instant à des impressions analogues à celles qu'ont pu produire les faits anciens. Tout est nouveau, tout est inouï dans les événements actuels. Notre conduite ne doit plus relever à cette heure que de notre patriotisme, sans aucun ressouvenir de nos vieilles démarcations de parti.

« Le gouvernement provisoire installé à Paris est lui-même le meilleur emblême de ce devoir social qui sera, je l'espère, compris par tous nos compatriotes.

« Beaucoup de ses membres me sont personnellement connus, et je m'honorerai toujours des relations qui m'ont rapproché d'eux depuis mon entrée à la Chambre. Ils consacrent en ce moment de grands efforts à rendre au pays la sécurité, le calme dont il a besoin pour vaquer aux grandes questions qui vont se soulever : la Constitution d'abord, la liberté des cultes, la paix ou la guerre.

« Que les imaginations ne se portent donc pas avec colère vers l'inévitable rapprochement de nos révolutions premières ; le meilleur moyen de faire renaître 93 serait de le craindre ou de le prédire ; nous avons encore, je l'espère, toutes les qualités de nos pères, mais nous n'avons plus leur inexpérience et leurs illusions. Comment, tout étant dissemblable dans les causes, rien pourrait-il être semblable dans les effets ?

« Travaillez aussi à bien faire comprendre au clergé des campagnes toute l'importance de son attitude dans le mouvement actuel.

« Pie IX dit, depuis le commencement de son règne, qu'il est prêt à sacrifier son Etat temporel plutôt que la moindre de ses obligations comme pape. Prions Dieu pour qu'il ne soit pas mis à cette épreuve, mais appliquons-nous plus que jamais à méditer les enseignements prodigieux qui ressortent du langage et des exemples de Pie IX.

« La religion fleurit dans les républiques américaines, elle a fait, au moyen âge même, la splendeur des républiques italiennes. Le clergé n'a pas consenti, en 1830, à ce que la foi s'exilât avec le pieux représentant de la maison des Bourbons ; ne nous inquiétons pas davantage, par rapport à elle, des formes que se donnera la prochaine représentation nationale, etc..... »

Voilà le programme tracé par M. le comte de Falloux à ses amis après le triomphe du fait républicain de février ; voilà l'homme dont l'organe se moque de la politique royaliste, de la ligne politique recommandée par le Roi !

En 1848, M. de Falloux pratiquait ses maximes d'aujourd'hui ; aujourd'hui, il maxime ses pratiques de 1848.

Veut-on savoir quelle fut l'attitude de M. le comte de Falloux aux approches du coup d'Etat de 1851 ?

Voici le récit des préparatifs du coup d'Etat raconté par M. Granier de Cassagnac, en termes très sympathiques pour M. de Falloux.

Nous citons le récit de M. Granier de Cassagnac :

« Un groupe important, formé de députés libres d'engagements avec les vieux partis ou sans précédents parlementaires, conçut l'idée un peu plus nette de s'unir purement et simplement au président de la République, qui était, pour ses six millions d'électeurs, la plus haute expression de la confiance nationale, et de lui déférer la charge de remettre la France en possession de sa souveraineté. Ce groupe, dans lequel figuraient notamment MM. Ferdinand Barrot, Bérard, Dabeaux, Ducos, Dumas, Augustin Giraud, Le Verrier, Mimerel, Vaïsse, de Rancé, Lebœuf, se réunit, dès le 30 novembre, chez M. Dariste, et le 1er décembre chez M. de Rancé. D'accord sur la nécessité d'agir, et d'agir vite, tous ces honorables députés se bornaient en définitive à commencer un coup d'Etat et à ne pas le finir. En s'arrêtant à mi-chemin, en hésitant devant l'emploi de la force, ils proposaient des solutions qui avaient l'inconvénient d'être illégales, sans avoir l'avantage d'être sûres.

« Seul M. de Montalembert avait, jusqu'au 30 novembre, osé être logique dans son opinion, en proposant de procéder, même par la force, à un appel au peuple. Un autre député non moins logique et non moins résolu, fit proposer au prince, le 1er décembre au soir, de monter à la tribune et d'y prendre l'initiative d'un coup d'Etat, fait au nom et avec le concours du groupe conservateur, sous la protection de l'armée. C'était M. de Falloux. Je dirai un peu plus loin les circonstances et les conditions dans lesquelles cette proposition fut soumise à l'acceptation du prince.

« Ainsi, dans les groupes les plus attachés aux doctrines et aux pratiques parlementaires, il se trouvait des hommes qui, comme M. le comte Daru et M. Buffet, consentaient à examiner et à discuter l'éventualité de l'emploi de la force contre l'Assemblée, s'il se trouvait dans son sein une majorité disposée à sortir de la Constitution. Ainsi, un homme aussi considérable et resté toujours aussi considéré que M. le comte de Montalembert, ÉMETTAIT HAUTEMENT ET ÉNERGIQUEMENT L'AVIS D'UN RECOURS A LA FORCE, pour arriver à consulter le peuple sur la prolongation des pouvoirs du président et l'établissement d'une seconde Chambre haute ; ET L'ON PUT VOIR M. DE FALLOUX, UN HOMME NON MOINS ESTIMÉ POUR SON CARACTÈRE ET AUSSI REMARQUABLE POUR SON TALENT, FAIRE OFFRIR AU PRINCE DE PRENDRE L'INITIATIVE, A LA TRIBUNE, D'UNE DEMANDE DE PROLONGATION DE SES POUVOIRS, FALLUT-IL, LE CAS ÉCHÉANT, S'APPUYER SUR L'ARMÉE. »

Voici quelles étaient les propositions de M. de Falloux ; M. de Cassagnac les rapporte, d'après M. Heeckeren. C'est le 1er décembre 1851, la veille du coup d'Etat, que M. Heeckeren parlait :

« Je me suis rendu à l'Elysée, vers six heures et demie, porteur d'une proposition de M. de Falloux. Berryer disait aujourd'hui qu'une entreprise contre la Chambre serait impossible, parce que les chefs de l'armée ne sont pas pour le prince, et qu'il ne trouverait pas quatre hommes et un caporal pour le soutenir. Ce n'est pas l'avis de M. de Falloux ; il voit un acte de vigueur inévitable, nécessaire et prochain, et il ne doute pas de sa réussite. Dans son opinion, cet acte doit être accompli avec la majorité. Il est résolu à en prendre l'initiative à la tribune, en le proposant à ses amis, qu'il espère entraîner ; mais il se déclare prêt A SUIVRE LE PRINCE JUSQU'AU BOUT, C'EST-A-DIRE JUSQU'A L'EMPLOI DE LA FORCE, si la montagne résiste et arrive à une lutte matérielle.

« Comme condition de cette offre de concours, *M. de Falloux demande la composition d'un grand ministère*, formé avec tous les hommes éminents de la majorité, *lesquels*, en entrant aux affaires, *prendraient l'engagement de prolonger les pouvoirs du président de la République.*

« — Eh bien, dis-je à M. Heeckeren, qu'a répondu le prince à cette ouverture?

« Il était tard, l'heure du dîner approchait. Le prince m'a dit :

« — Restez avec nous; je réfléchirai et je vous donnerai ma réponse dans la soirée.

« — Vous avez causé avec lui après dîner; a-t-il accepté la proposition?

« — Pas formellement. « Je suis enchanté, m'a-t-il dit, de la bonne nouvelle que vous m'apportez; mais il est bien tard; je suis, vous le voyez, bien entouré et bien absorbé, venez me voir demain matin, à dix heures, nous en causerons. » (1)

Voilà donc M. le comte de Falloux PRÉPARANT LE COUP D'ÉTAT DE 51 avec son ami M. le comte de Montalembert.

M. de Falloux s'attribue le premier rôle : Il propose au prince Louis-Napoléon de porter lui-même la question devant l'Assemblée nationale.

Était-ce oui ou non une trahison de la cause royaliste? (2)

V

En dépit de l'action néfaste des habiles, nous allons à la réconciliation des royalistes, des catholiques et des honnêtes gens qui croient que l'heure est enfin venue d'être et de paraître, d'affirmer les principes dont la raison proclame la puissance et la fécondité.

La Providence aidera ceux qui s'aident; elle condamnera, par la grandeur des événements, la politique orgueilleuse des petites infaillibilités révoltées.

Le peuple suit celui qui marche...

Vous niez le mouvement; nous marchons en cherchant l'honneur, sinon le succès qui est dans les mains de Dieu!

CHAPITRE IV

LES OBSTACLES

I

Quels sont les obstacles qui se sont opposés au rétablissement de la monarchie? Ces obstacles sont-ils invincibles? Ces questions résolues, nous verrons s'éclaircir les sous-entendus et se dissiper les malentendus.

Faire la lumière sur les événements d'hier et sur la situation présente, quand on n'a rien à cacher à la France, c'est aller d'un grand pas à la conquête de l'opinion.

---

(1) Voir *Souvenirs du second Empire*, par Granier de Cassagnac, t. I.
(2) Voir la note A à la fin de ce livre.

La France n'a jamais cessé d'être une nation catholique et monarchique. Le nombre n'est pas un obstacle au retour de la Royauté. Dans la généralité des épreuves électorales, les abstentions jointes aux voix de l'opposition ont placé le fait républicain en minorité.

II

En 1850, l'union conservatrice, sous le nom de *grand parti de l'ordre*, a préparé le terrain à l'Empire. Ce qui n'a pas empêché l'Empire de frapper ses chefs, au coup d'Etat de 1851.

Le grand parti de l'ordre, qui interdisait aux légitimistes la défense du principe d'ordre, avait posé comme base de la coalition, dans le manifeste de la rue de Poitiers, la condition du maintien de la République inaugurée en février 1848. *Il faut maintenir la République*, disait le manifeste que nous avons lu à cette époque dans le journal *l'Opinion publique*. Notre mémoire est fidèle et nous nous rappelons encore notre guerre contre la coalition qui enchaînait ainsi l'action de la droite royaliste. Cette coalition qui voulait sauver l'ordre, la propriété et la religion, avait à sa tête M. Thiers autour de qui gravitaient, hélas! le grand orateur Berryer, Montalembert, etc. M de Falloux ne nous démentira pas quand nous dirons qu'il appartenait par ses idées et ses relations à l'esprit de la coalition imaginée par le comité de la rue de Poitiers.

Comment cette fameuse coalition du grand parti de l'ordre, cette union... conservatrice de la République, a-t-elle fait l'Empire? Nous avons écrit, il y a quinze ans, dans *La question du XIXe siècle*, l'histoire de cette déplorable aberration. Ne pouvant refaire ici cette histoire, nous dirons seulement que l'abstention, l'effacement systématique des royalistes parlementaires aveuglés par le prestige de M. Thiers qui méditait alors l'usurpation du pouvoir en faveur d'une Régence dont il eût été le chef, laissant dans leur isolement les fidèles défenseurs de la Monarchie légitime, conduisit les masses ou du moins les têtes dirigeantes de l'opinion, vers cette erreur capitale que l'ordre social pouvait être sauvé par tout autre régime que la Monarchie légitime.

Dans ces douze dernières années, la même erreur du centre droit et de la droite modérée, également ensorcelés, en 1871, par M. Thiers, a produit, comme conséquences, le vote du septennat, le vote de la République et le despotisme jacobin que nous voyons à l'œuvre... Mais n'anticipons pas.

III

La France, essentiellement monarchique, qui, après 1848, sous le régime du suffrage universel faussé dans son application et courbé sous le terrorisme des *circulaires* et de l'état de siège, avait nommé deux Assemblées monarchiques, des Conseils généraux et des Conseils municipaux monarchiques, fut peu à peu entraînée à subir le fait d'une Constitution républicaine contraire à ses idées, par l'exemple que lui donnaient les chefs de l'opinion monarchique, fondateurs du *grand parti de l'ordre*, et certains personnages prôneurs de l'indifférentisme politique, ralliés à l'idée républicaine sous prétexte de conservation religieuse et qui, comme M. de Falloux, après avoir prêché au clergé les beautés et les douceurs du nouveau régime (nous avons montré les textes) acceptaient des postes élevés auprès du prince-président Louis-Napoléon.

La solution monarchique s'éloigna de plus en plus des esprits et, quand éclata la lutte entre le président et l'Assemblée, sous les menaces de l'anarchie dont le péril était systématiquement grossi par l'intérêt napoléonien, la France courba son front de reine sous le pied du dictateur.

Il faut ajouter à ces causes générales des causes directes, particulières, immédiates, comme l'aveuglement des habiles de la coalition qui refusèrent toujours de se joindre aux royalistes nationaux qui, soit dans l'Assemblée, soit dans le pays, voulaient, comme aujourd'hui, dans le grand débat entre la Révolution et la Légitimité, poser, devant la France, la question de monarchie ou de république.

Nous avons vu Napoléon, après son coup d'Etat, s'emparer de cette idée et en tirer le système du plébiscite impérial aidé du fait accompli, de la terreur des commissions mixtes et des proscriptions.

Les *habiles* de la rue de Poitiers, les chefs *du grand parti de l'ordre*, avaient aussi, entre autres fautes capitales, voté la loi du 31 mai, qui privait de leurs droits électoraux près de trois millions d'électeurs. Cette loi acheva de dépopulariser l'Assemblée ; Napoléon l'avait lui-même fait présenter ; il la fit abolir ensuite pour faire accepter son coup d'Etat.

Je rappelle ces faits désastreux pour faire ressortir l'œuvre néfaste des *habiles*, des *modérés* qui prétendent encore aujourd'hui régenter le Roi et les royalistes, et sauver la société par le système de 1850, c'est-à-dire par les coalitions sans principes !...

N'oublions pas de constater ici que, comme en 1815, le droit électoral fut défendu et la loi liberticide attaquée par ces mêmes royalistes qu'on nomme *intransigeants* et qui, comprenant le but secret de l'orléanisme, rappelaient le mot de M. de Villèle : « IL NE FAUT PAS QUE LA MONARCHIE PERDE UN SEUL CONTRIBUABLE. »

Le *Moniteur* et les feuilles du temps témoignent de la vérité des faits que nous affirmons.

L'union conservatrice a donc fait l'Empire.

Napoléon, voulant aussi *sauver* la société, trouva dans les idées d'indifférentisme politique propagée par la coalition des habiles, les auxiliaires de sa politique ; le terrain était préparé ; la rue de Poitiers avait mis la fameuse *armée de l'ordre* au service du coup d'Etat.

M. de Lourdoueix s'écria dans la vieille et bonne *Gazette* : La folie triomphante a donné raison à la raison vaincue.

IV

Plus tard, quand le despotisme impérial eut fait renaître l'opposition, on vit, aux élections de 1863, comme plus tard en 1869, on vit se constituer, par l'influence funeste des mêmes hommes, la coalition connue sous le nom d'union libérale. Les grands politiques de 1850, les parlementaires qui avaient conduit les masses dans les voies républicaines et napoléoniennes, après avoir livré la France à l'Empire, en voulant sauver l'ordre sans la Monarchie, se mirent dans la tête de sauver *les libertés nécessaires* sans le principe d'ordre. L'union libérale, ayant encore à sa tête M. Thiers, coalisa dans ce but les monarchistes avec les républicains.

Cette coalition reposait sur le même sophisme : on exigeait des partis coalisés la condition de mettre de côté leurs préférences politiques : les républicains n'y perdaient rien, car l'abandon des principes royalistes faisait la force de la révolution qu'ils servaient ; quant aux royalistes assez naïfs pour entrer dans la coalition, ils devaient, selon le mot profond de M. de Girardin en 1850, déposer leur armure, c'est-à-dire supprimer de leur programme électoral la question dynastique et la question religieuse, comme le leur demandait, en 1869, dans le *Correspondant*, M. le comte de Falloux.

Les chefs de cette coalition immorale, condamnée par les royalistes fidèles, étaient les mêmes hommes qui, à cette heure, combattent l'union monarchique et font l'éloge de l'union conservatrice.

De même que la coalition de 1850 avait fait l'Empire, la coalition libérale de 1869 fit les affaires des républicains : elle enfanta le ministère Ollivier, fit élire avec les voix royalistes des républicains tels que Picard, Jules Favre, Jules Simon, et prépara le terrain à la révolution du 4 septembre qui nous a donné la Commune.

V

Au plébiscite de 1870, la France, en répondant dans la limite de la question qui lui était posée en termes captieux, prouva qu'elle n'était pas pour la Révolution. Elle vota contre l'anarchie dont on la menaçait si elle votait *non*.

Elle vota indirectement contre la République dont les partisans se mêlèrent aux quinze cent mille voix de l'opposition.

Ce qui prouve que les sept millions de votes plébiscitaires n'étaient pas un acte d'attachement et d'hommage à la dynastie impériale, mais une manifestation en faveur de l'ordre matériel menacé par la démagogie socialiste, c'est l'indifférence profonde avec laquelle a été vu par la France entière, en cette même année 1870, l'effroyable effondrement de l'Empire.

Un an après, sous la domination des hommes qui avaient usurpé le pouvoir au 4 Septembre, la France émit un vote positif contre l'Empire et contre la République, en élisant une imposante majorité monarchique.

M. Thiers a dit des élections de 1871 qu'elles ont été *les plus libres qui furent jamais*.

M. Jules Simon, dans son livre sur le *Gouvernement de M. Thiers*, affirme le fait en ces termes :

« Ces élections furent faites régulièrement, librement ; M. Thiers en a rendu témoignage dans la séance du 10 mai 1871 : « Jamais un pays n'a été interrogé « plus sincèrement, et jamais il n'a répondu plus sincèrement que dans cette « dernière occasion, »

Malheureusement la majorité compta sur M. Thiers pour faire la monarchie. Nous avons combattu cette folie. C'était ignorer ce qu'était M. Thiers; c'était oublier que M. Thiers n'avait jamais eu d'autre opinion que le thiérisme; que M. Thiers, arrivé au pouvoir suprême, sous le régime républicain imposé au 4 septembre, ne pouvait être que républicain pour ne pas cesser d'être thiériste.

M Thiers par ses promesses, ses mensonges et ses flatteries, attira dans le piége de *l'essai loyal* les politiques des centres qui attirèrent, à leur tour, les hommes de la droite modérée.

Les centres, c'est-à-dire les orléanistes, entrevirent la possibilité de convertir M. Thiers à *la meilleure des républiques.* On recommençait, au profit d'une intrigue parlementaire, le jeu que le comité fusioniste de la rue de Poitiers avait joué en 1850.

L'Assemblée nationale pouvait tout à Bordeaux pour le rétablissement de la monarchie : les centres voulurent, à la suite de M. Thiers, *organiser la France avant de la reconstituer.* C'était, disions-nous alors, vouloir meubler une maison avant de la bâtir.

M. le comte Maurice d'Andigné, dans une étude très intéressante consacrée à l'époque qui nous occupe et publiée par le *Royaliste*, en août 1882, s'exprime ainsi :

La majorité monarchique de l'Assemblée crut, elle, avoir reçu le double mandat de faire la paix et de constituer un gouvernement.

Et j'en trouve la preuve :

1° Dans son refus de se dissoudre après la conclusion de la paix comme le réclamaient les républicains.

2° Dans sa déclaration solennelle de ne se séparer qu'après avoir institué un gouvernement.

J'ajouterai qu'elle était convaincue de la nécessité de la monarchie, ou du moins qu'elle ne se faisait pas faute de le dire; ce qui la rend plus coupable encore de ne l'avoir point rétablie.

Le 17 février 1872, en réponse à des manifestes républicains de la gauche et du centre gauche, la droite monarchique publiait un manifeste dont j'extrais ce passage :

« ... Aussi devons-nous dire à la France, comment elle pourra, selon nous, Dieu aidant, mettre un terme à ses malheurs et reconquérir avec des alliances le rang qui lui appartient en Europe.

« Nous considérons la Monarchie comme le gouvernement naturel de notre pays; et, par Monarchie, nous entendons la Monarchie traditionnelle et héréditaire.

« Elle a fait la France, elle lui a donné pendant des siècles la stabilité et la grandeur.

« En 1789, elle allait d'elle-même au-devant des réformes; en 1814, elle fondait la liberté, en même temps qu'elle sauvegardait l'intégrité du territoire. Voilà ce que nous devons à la Monarchie... »

. . . .

La majorité monarchique n'a pas rappelé le Roi parce qu'elle ne l'a pas voulu. Ses actes, ses votes vont nous en convaincre.

« Le 16 février 1871, dit M. Jules Simon, elle nomma son président *à l'unanimité*, et *ce président fut un républicain.* » Voilà donc une Assemblée de soi-disant royalistes qui se donne pour président un républicain et qui élève en quelque sorte sur un piédestal M. Jules Grévy, lequel plus tard, grâce à ce choix qui le met en évidence, deviendra président de la République française.

Mais ce n'est pas assez. Le 17 février, la même Assemblée *royaliste* nomme

M. Thiers chef du pouvoir exécutif. Quelles garanties offrait donc M. Thiers au point de vue du rétablissement de la monarchie?

« *Je suis fils de la révolution*, » disait-il lui-même en 1873 à M. Pierre Lefranc, député des Pyrénées-Orientales, « et pendant ma longue carrière *j'en ai toujours soutenu, défendu et appliqué les principes.* »

Et il disait vrai. Comment les royalistes de l'Assemblée avaient-ils pu oublier la part active prise par lui à la Révolution de 1830?...

M. Thiers disait le 19 février 1871 :

« Quel est mon devoir, à moi que vous avez, je le dirai, accablé de votre confiance? C'est la loyauté envers tous les partis qui divisent la France et qui divisent l'Assemblée. Ce que nous leur devons à tous, c'est de n'en tromper aucun; c'est de ne pas nous conduire de manière à préparer à votre insu une solution exclusive qui désolerait les autres partis. Non, je le jure devant le pays, et si j'osais me croire assez important pour parler de l'histoire, je dirais que je jure devant l'histoire, de ne tromper aucun de vous, *de ne préparer, sous le rapport des questions constitutionnelles, aucune solution* A VOTRE INSU et qui serait de notre part, de ma part, une sorte de trahison. Monarchistes, républicains, non, ni les uns ni les autres vous ne serez trompés : nous n'avons accepté qu'une mission déjà bien assez écrasante : nous ne nous occuperons que de la réorganisation du pays... Nous ne travaillerons qu'à cette œuvre déjà bien assez difficile... etc. etc. »

M. Thiers au surplus ne prenait que l'engagement suivant : *ne préparer aucune solution constitutionnelle* A L'INSU DE L'ASSEMBLÉE. Or, peut-on sérieusement soutenir que l'Assemblée ignorait ce qu'il faisait, ce qu'il voulait, lorsque, dans cette même séance du 19 février 1871, elle l'entendait prononcer ces paroles :

« Vous m'avez appelé chef du pouvoir exécutif *de la République française.* Dans tous les actes du Gouvernement, ce mot de *République* se trouve sans cesse répété. Cette réorganisation, si nous y réussissons, *elle se fera sous la forme républicaine* et A SON PROFIT. »

Se demandant quel fut ce fameux *pacte de Bordeaux* que les royalistes entraînés et trahis par le centre droit s'étaient naïvement promis de respecter, M. d'Andigné répond ainsi :

C'est, nous dit M. Jules Simon, « une convention indéterminée, non écrite. »

« Quand on recherche ce que c'est au juste que le *Pacte de Bordeaux*, ajoute-t-il, *on ne le trouve pas*, et c'est un grand bonheur. C'est comme la constitution anglaise qu'on ne renverse jamais, *parce qu'on ne saurait où la prendre.* »

Je me permettrai de faire observer à M. Jules Simon qu'il y a au moins cette petite différence entre la constitution anglaise et le *Pacte de Bordeaux*, que le *Pacte de Bordeaux* a été renversé, et qu'il n'a même jamais été sérieusement respecté, s'il faut en croire M. le comte de Rességuier qui, le 12 juillet 1872, adressait à M. Thiers ce reproche : « *Nous restons fidèles au* PACTE DE BORDEAUX, *mais, vous, vous l'oubliez.* »

A force de recherches, cependant, M. Jules Simon risque une définition :

« Le Pacte de Bordeaux, dit-il, était une sorte de contrat moral par lequel *les partis s'engageaient à ne pas soulever des questions de forme de gouvernement* jusqu'à ce que l'œuvre spéciale qui était la mission de l'Assemblée ait été accomplie. »

Ainsi les royalistes de l'Assemblée se seraient engagés en février 1871, à Bordeaux, *à ne pas s'occuper du rétablissement de la Monarchie*, avant l'évacuation complète du territoire par les Prussiens. Et c'est cet engagement que le Maréchal jurait de respecter.

Voici ce qui s'est passé dans la nuit du 24 mai, disait M. Jules Favre à la séance du 21 juillet 1873 : « *Vous avez changé les personnes, mais vous avez laissé subsister le gouvernement et les principes.* »

Et il ajoutait : *Le 24 mai est une négation !*

M. le duc de Broglie, président du conseil des ministres, monta à la tribune et, avec la gravité qui convenait à sa nouvelle situation, s'exprima comme il suit :

« Il s'agissait de prévenir l'invasion de l'élément radical, et cela *en dehors de toute forme de gouvernement*. La majorité a pensé *qu'avant de fonder un édifice politique* il convenait de raffermir les bases de l'ordre social et de la société.

« Voilà le programme du gouvernement : celui de réunir les forces conservatrices sur le terrain largement conservateur du gouvernement.

« *L'Assemblée a pensé le 24 mai qu'il fallait continuer la trêve des partis...*

« Le gouvernement devait être la représentation de toutes les forces conservatrices *sur un terrain en dehors de la politique*. Ainsi, *il y a trois idées qui ont présidé à la formation du gouvernement*. Il y a une triple condition : *union des forces conservatrices* SUR UN TERRAIN EN DEHORS DE LA POLITIQUE ; RÉSERVE LOYALE ET COMPLÈTE DE LA FORME DU GOUVERNEMENT, et enfin *reconnaissance de* LA SOUVERAINETÉ COMPLÈTE *de l'Assemblée*. »

C'était donc bien la *trêve des partis*, qu'avec un autre personnel on allait continuer.

D'ANDIGNÉ.

Voilà la fameuse trêve des partis, merveilleuse application de l'union conservatrice; ce fut la République que l'on conserva sur *ce terrain en dehors de la politique* dont parle M. de Broglie; voilà *la réserve loyale et complète de la forme du gouvernement*, par les habiles et les modérés de la majorité, et cela pendant que M. Thiers et les républicains fondaient tranquillement la république de fait en attendant que les orléanistes, toujours habiles, la votassent définitivement en février 1875 !!

Le résultat de ce premier *obstacle* opposé au rétablissement de la monarchie par les amis des princes d'Orléans, fut de faire renaître le parti bonapartiste et de fortifier le parti républicain qui grandissait sous l'influence du fait dominant.

Nous arrivons à l'année 1873; Mac-Mahon est au pouvoir. La majorité élue par la France monarchique et pouvant toujours restaurer la monarchie, règne et gouverne sous la présidence du Maréchal.

On avait élu de confiance ce soldat illustre qui depuis.... mais alors il était vertueux; la France, arrêtée sur la pente des catastrophes où M. Thiers la conduisait, s'attendait pleine d'espérance et de joie, à la restauration de la monarchie ; tous les contemporains l'attesteront. Mais les mêmes politiques des Centres qui avaient compté sur M. Thiers pour le triomphe du parlementarisme orléaniste, et qui n'avaient renversé M. Thiers que parce que cet homme d'Etat les avaient trompés pour se jeter dans les bras de la gauche, les mêmes politiques des Centres, virent venir la monarchie nationale comme une nécessité de la situation. Il fallait la rendre impossible ou la ramener dans les fourgons parlementaires, c'est-à-dire créer un roi soumis à la féodalité des ducs. On voulait réhabiliter 1830 et enchaîner la Royauté dans le lit de l'usurpation.

La question du drapeau fut soulevée. Personne n'y songeait : on était habitué, depuis un demi-siècle, à cette idée : Henri V c'est le drapeau blanc; le drapeau blanc c'est Henri V.

La couleur blanche est, chez le peuple, depuis Jeanne d'Arc, l'emblême de la monarchie légitime. Le rouge est à la Terreur; le tricolore est à l'Empire.

Tout le monde savait cela : On connaissait le Roi. Les ducs connaissaient le programme national du Roi. Depuis trente ans, depuis quinze ans, depuis deux ans, le monde avait pu lire les manifestes du Roi, se résumant dans ces déclarations solennelles :

« Je comprends les conditions que le temps et les événements ont faites à la société actuelle. Je reconnais ces intérêts nouveaux. » (*5 octobre 1848.*)

« L'égalité devant la loi, la liberté de conscience, le libre accès pour tous les mérites à tous les emplois, à tous les honneurs, me sont chers comme à vous. » (*A* Berryer, *Venise, 23 janvier 1851*)

« Exclusion de tout arbitraire, le règne et le respect des lois; l'honnêteté et le droit partout; le pays sincèrement représenté, votant l'impôt et concourant à la confection des lois; les dépenses sincèrement contrôlées; la propriété, la liberté individuelle et religieuse inviolables et sacrées, l'administration communale et départementale sagement et progressivement décentralisée, le libre accès pour tous aux honneurs et avantages sociaux, telles sont les véritables garanties d'un bon gouvernement. » (*12 mars 1856.*)

« Un pouvoir fondé sur l'hérédité monarchique, le gouvernement représentatif dans sa puissante vitalité, les dépenses publiques sérieusement contrôlées, le règne des lois, le libre accès de chacun aux emplois et aux honneurs, la liberté religieuse et les libertés civiles consacrées, l'administration intérieure dégagée des entraves d'une centralisation excessive, la propriété foncière rendue à la vie et à l'indépendance par la diminution des charges qui pèsent sur elle; l'agriculture, le commerce, l'industrie encouragés; et au-dessus de tout cela, une grande chose, l'HONNÊTETÉ. » (*9 décembre 1866.*)

« JE NE RÉTRACTE RIEN, JE NE RETRANCHE RIEN DE MES PRÉCÉDENTES DÉCLARATIONS. » (*Lettre à M. Chesnelong, 27 octobre 1873.*)

« On se dira que j'ai la vieille épée de la France dans la main, et dans la poitrine ce cœur de roi et de père qui n'a point de parti. Je ne suis point un parti, et je ne veux point revenir pour régner par un parti. Je n'ai ni injure à venger, ni ennemi à combattre, ni fortune à refaire, sauf celle de la France, et je puis choisir partout les ouvriers qui voudront loyalement s'associer à ce grand ouvrage. » (*8 mai 1871.*)

« Je puis sauver la France, JE LE DOIS ET JE LE VEUX. » (*26 juillet 1879.*)

VI

Nous rappelons ces déclarations royales pour montrer aux amis des princes d'Orléans, que l'obstacle au rétablissement de la monarchie n'est jamais venu du Roi ni des vrais royalistes qui, depuis trente-cinq ans, sont tous d'accord sur les principes de la monarchie représentative.

Nous montrons par là, contrairement à l'inacceptable assertion de nos contradicteurs que nous avons un gouvernement vraiment national à opposer à la République jacobine, laquelle est, à la fois, la négation de la religion, de l'ordre et de la liberté, et sera bientôt un grave péril pour notre indépendance nationale.

Tel était donc le programme connu d'un prince qui, depuis un demi siècle, a déjà régné sur l'opinion du monde par l'ascendant moral de ses vertus, d'un prince qui apparaît, même aux yeux des ennemis de la Royauté, comme l'incarnation de la loyauté, de la franchise et de l'honnêteté.

Ce programme eût fait jadis et fera bientôt, nous l'espérons, triompher toutes les vérités, toutes les libertés, tous les droits, tous les progrès légitimes, que les partis en lutte ont inscrits sur leur drapeau depuis un siècle, comme pour rendre hommage au génie de la France.

Les ducs, les centres orléanistes connaissaient ce programme qui respecte, à la fois, le passé, le présent et l'avenir.

La monarchie représentative, remettant chaque chose à sa place, sauvegardant tous les intérêts, assurant la stabilité à l'intérieur et la prépondérance traditionnelle de la France au dehors, donnant toute l'autorité au Roi, toute la liberté au peuple; faisant passer dans les faits les réformes demandées par la France en 1789, acceptant et consacrant tous les progrès accomplis, toutes les œuvres bonnes et tous les dévouements, cette monarchie nationale, contemporaine du berceau du peuple français, apparaissait comme le salut, à tous les yeux, à toutes les consciences droites, à tous les cœurs généreux.

Une pensée d'orgueil parlementaire veillait, dominant le cœur des ducs, des maires du Palais qui voulaient *gouverner* sous le règne d'un roi soliveau... Et si la monarchie du vrai peuple se levait, c'en était fait... Les fictions qu'on rêvait s'évanouissaient à jamais à l'horizon politique, faisant place aux réalités d'un pouvoir FORT et UN appuyé sur les libertés publiques, sur *le suffrage universel honnêtement pratiqué*, élisant non 750 *souverains*, mais des *mandataires* pour voter l'impôt et proposer la loi à la sanction royale.

Le vrai 89 catholique et monarchique effaçait 1830.

Alors les ducs soulevèrent la question du drapeau, sachant bien que le Roi n'a qu'une parole; qu'après avoir réservé cette question, comme d'autres plus importantes et qui exigent, au nom du droit public français, le concours de la nation consultée, Monsieur le comte de Chambord ne se livrerait pas, ne livrerait pas le droit national aux politiques qui, selon le mot d'un écrivain orléaniste, M. Louis Teste, « *voulaient ramener à Paris le roi pieds et poings liés* » (1).

L'intrigue s'enhardit : on voulut faire dire au petit-fils d'Henri IV ce qu'il n'avait pas dit. Le Roi dut écrire cette lettre immortelle qui sauva, pour l'avenir, la monarchie nationale :

« *Amoindri aujourd'hui, je serais impuissant demain.* »

Les événements qui depuis ont montré le système parlementaire produisant ses conséquences logiques par l'humiliation et la chute du maréchal de Mac-Mahon et le triomphe du despotisme jacobin, les événements, disons-nous, ont justifié la grande politique du Roi.

La monarchie ne se fit pas : l'obstacle était venu des ducs, chefs des centres orléanistes.

---

(1) *Paris-Journal*, août 1878.

La majorité parlementaire livra la France au septennat mac-mahonien : c'était prolonger indéfiniment l'exil de la Royauté.

L'histoire aura d'autres sévérités, car toutes les responsabilités sont établies sur des documents irrécusables.

La chute vers la République de gauche commença. Les centres s'éloignèrent de plus en plus de la droite, jusqu'au point de voter, en 1875, la Constitution Wallon à une voix de majorité. Ce vote abandonna le peuple de France, trahi par ses mandataires, aux influences du fait républicain, fait devenu légal.

Les masses découragées, désorientées, laissèrent le champ libre aux électeurs républicains et le suffrage universel subit le joug de la démagogie. Le Mac-Mahonat s'abîma dans le gouffre des concessions dont les centres orléanistes avaient, depuis huit ans, donné le funeste exemple et, portée par le souffle du radicalisme triomphant, la vraie République démocratique et athée escalada le pouvoir... Aujourd'hui, grâce à la politique des habiles, le jacobinisme règne et gouverne.

Nous demanderons encore si c'est la faute du Roi et des royalistes.

Le programme du Roi, autrement *libéral* que le programme des centres défenseurs du suffrage restreint, le programme du Roi et des royalistes reste le même ; ce programme, une intrigue l'a repoussé.

L'obstacle au rétablissement de la monarchie subsiste encore, nous a dit le rédacteur en chef du *Soleil,* organe des princes d'Orléans ! Oui cet obstacle survit, dans la pensée des ducs, aux plus cruelles épreuves de la patrie, aux périls les plus grands que puisse courir notre France isolée en Europe, à la plus décisive comme à la plus douloureuse des expériences qui puisse briser les cœurs des catholiques et des honnêtes gens !... Cet obstacle subsiste... mais quel est cet obstacle ? Nous l'avons dit et prouvé : c'est là pensée d'usurpation parlementaire qui, sous prétexte de drapeau, écarta, écarte encore, dans un intérêt inavouable, la restauration du droit monarchique, de la religion et des libertés publiques.

Cet obstacle est-il invincible ? N'aura-t-on pas pitié de la France ?

S'il y a des volontés rebelles qui refusent de se ranger auprès du Roi armé de son principe et de son drapeau, nous saurons vaincre l'obstacle, et la restauration nécessaire se fera par la raison du peuple condamnant une politique impie.

Que l'action royaliste ne s'arrête pas ; qu'elle s'affirme de plus en plus. Que les royalistes ne se coalisent plus, pour sauver l'ordre social, qu'avec les hommes qui, revenant sincèrement à la cause du droit national français, accepteront sans arrière-pensée, comme terrain de réconciliation, l'admirable programme qui consacre toutes les vérités nécessaires à la vie de la France : Le catholicisme, la monarchie et la liberté.

Si les moyens humains sont impuissants à vaincre l'obstination des partis, soyons assurés que, pour sauver la France, Dieu saura donner raison à la raison dans l'irrésistible grandeur des événements.

Le radicalisme triomphant ne laissera ouverte à la société qu'une seule voie : celle qui glorifiera la vérité.

VII

Pourquoi le Roi n'est-il pas sur le trône ? Pourquoi n'y est-il pas remonté en 1848, en 1852, en 1870, en 1873, etc...

Une polémique fut soulevée, il y a quelque temps, sur cette question, par un de nos confrères de la presse royaliste. Nous résumerons ici la réponse que nous lui fîmes pour le ramener à la réalité des faits.

Notre confrère voyait la cause de ce douloureux prolongement d'exil dans l'absence d'organisation au sein du *parti royaliste;* et tout en admettant que l'obstacle n'est pas dans le Roi, il exposait des griefs qui laisseraient supposer, s'ils étaient fondés, que le Roi est un inconnu pour la France et qu'il ignore et veut ignorer, depuis trente ans, ce qui s'y passe.

Certainement, toute sagesse humaine est courte par quelque endroit; mais c'est manquer absolument de logique et de justice que d'arguer de la prétendue inhabileté des royalistes et de leur défaut d'organisation pour expliquer l'exil de la Royauté et les succès de la Révolution; c'est oublier les grandes causes de nos divisions et de nos désastres; c'est avoir envie de soulever l'attention publique par l'éclat du paradoxe le plus inattendu qui fut jamais, que de venir au milieu de la mêlée ardente des partis, en face des crimes de la Révolution, de la négation athée qui menace de bouleverser le monde, devant la révolte impie qui s'universalise contre les droits de Dieu, de la famille et de la cité, contre l'ordre social tout entier, que de venir trouver les coupables dans les hommes qui se sont faits, depuis un demi siècle, les courageux et imperturbables défenseurs de toutes les lois justes, de tous les droits violés, de tous les devoirs méconnus, de tous les principes niés par la Révolution.

Ah! certes, nous ne nions point que des fautes aient été commises à diverses époques; mais nous étonnerions nos contradicteurs si nous leur prouvions que ces fautes avaient pour cause l'abus des qualités conciliantes qu'ils réclament des royalistes. Les partis de révolution n'ont que trop exploité en 1850, en 1863, 1869, 1873, l'amour des royalistes pour l'ordre et la liberté, pour la mansuétude et l'oubli.

Mais n'est-ce pas dépasser les bornes du sens commun, que de tourner son éloquence, les armes de l'ironie, la critique amère, non contre les exploiteurs de nos instincts de concorde, non contre les athées politiques et les incorrigibles sceptiques, seule cause devant Dieu et devant l'histoire de l'avènement du radicalisme et des catastrophes futures, mais contre les légitimistes, vrais soldats de Gédéon, qui, depuis un demi-siècle, sont restés debout devant toutes les iniquités contemporaines, et n'ont cessé de propager par la parole et par l'exemple de leur fidélité, la vérité triple et une qui doit nous sauver : Dieu, le Roi, la liberté?...

Nous ne pouvons nous offrir à la France sous la forme d'un *parti* et dans les conditions contraires aux principes exposés dans les manifestes du prince qui a dit ne vouloir pas être le Roi d'un parti, mais le Roi de tous.

Le programme légitimiste embrasse toutes les vérités séparément défendues par tous les partis issus de la Révolution; les partis ne sont dangereux pour la France, ne sont funestes à l'ordre et à la liberté, que parce qu'ils mettent en lutte des principes faits pour s'accorder. Le caractère de la grande cause que nous servons, c'est de consacrer tous les principes nécessaires à la vie de la France, principes dont l'opinion légitimiste est dépositaire, depuis la violation des mandats de la nation, en 1789, par les constituants usurpateurs.

C'est en vertu de cette doctrine qui fait de notre cause, de la triple cause de la religion, de l'ordre monarchique et de la liberté représentative, le terrain de la réconciliation générale des esprits et des cœurs; c'est en vertu de cette doctrine que nous repoussons l'expression employée par quelques-uns de nos amis qui, voulant faire entendre aux parlementaires de droite que l'opinion royaliste est prête à montrer à la France, le cas échéant, les éléments d'une reconstitution politique, non seulement dans les principes qui sont nécessaires à la vie nationale, mais encore dans le personnel chargé de les appliquer, disent que nous sommes *un parti de gouvernement,* expression empruntée au système à trois pouvoirs, au parlementarisme qui a besoin d'un parti de gouvernement, parce qu'il est le gouvernement du parti arrivé au pouvoir...

Nous sommes catholiques, et nous apportons, avec la tradition nationale, le principe d'ordre dans l'hérédité traditionnelle et l'unité du pouvoir, et le principe de liberté dans la représentation issue du vote de tous les contribuables de l'impôt du sang et de l'argent. Aucun parti ne saurait nommer une légitimité sociale, religieuse ou politique, un droit primitif, une liberté vraie qui ne se trouve comprise dans le programme du Roi et dans les doctrines de la vraie droite nationale, développées par nos publicistes et nos orateurs depuis Juillet 1830.

On nous parle de diplomatie; on veut que le roi ait à son service, des hommes d'affaires, *recruteurs*, le mot a été dit, de la Monarchie, commis-voyageurs de l'union monarchique qui se mettraient en contact avec le cœur du peuple, avec les classes dirigeantes, avec les aveugles volontaires ou involontaires à qui Dieu même n'a pu encore ouvrir les yeux par les coups de tonnerre que nous entendons depuis un demi-siècle!

La belle affaire! et le Roi n'y a pas songé! et l'on ne fait rien pour convaincre la France des intentions du Roi!

On n'a donc pas lu l'histoire des partis et de nos luttes depuis cinquante ans, l'histoire des Congrès royalistes, des grandes périodes de notre exposition doctrinale, l'histoire des travaux, des épreuves, des sacrifices de la presse royaliste, des fidélités royalistes, offrant sur tout le territoire de la France, le spectacle du patriotisme le plus pur, du dévouement le plus éclairé pour toutes les causes saintes?

Notre confrère ignorait-t-il que le personnel royaliste touche à toutes les classes sociales par l'incomparable action de l'exemple dans toutes les sphères où la Révolution lui permet de se mouvoir?

Est-ce que toutes les œuvres populaires, les associations ouvrières, les cercles, les œuvres charitables ne comptent pas d'innombrables royalistes à leur tête ou dans leur sein? Est-ce que les grandes questions industrielles, de crédit ou d'agriculture ne sont pas abordées et résolues en faveur des classes populaires par des royalistes, partout présents où il s'agit des intérêts moraux et matériels du peuple?

Est-ce que plus de cent journaux royalistes ne se vouent pas à la défense de ces mêmes intérêts au prix de tous les sacrifices?

Vous demandez où est l'action royaliste! vous ne la voyez donc pas?...

Mais savez-vous bien que sans cette action providentielle, sans cette action occulte ou publique, méconnue ou insultée, la France n'existerait plus? Nos doctrines sont le sel qui a préservé le fond de notre esprit public de la corruption totale.

D'accord, s'écrie-t-on; mais alors pourquoi le droit n'a-t-il pas triomphé? pourquoi le Roi n'est-il pas sur le trône?

Je réponds : Parce que les royalistes ont commis des fautes et que les partis ont commis des crimes dont la France est solidaire et qu'elle doit expier.....

Pourquoi le Roi n'est pas sur le trône? Pourquoi le droit n'a pas triomphé? — On n'a pas assez fait connaître le Roi, le programme du Roi, la politique nationale et libérale du Roi, réplique notre contradicteur.

Mais on se trompe encore ici. Tout est connu depuis le voyage de Belgrave-Square, il y a quarante ans, jusqu'à la dernière lettre écrite à M. de Mun; depuis la lettre immortelle de Châteaubriand : « Sire c'est un nouvel univers que vous annoncez à la France!... » jusqu'à ce dernier 29 septembre acclamé dans toutes nos provinces, la pensée royale est connue; elle s'est dispersée dans le moindre village; tout homme lettré, à quelque opinion qu'il appartienne, connaît depuis longtemps le vrai libéralisme du Roi.

Les classes dirigeantes, les classes moyennes, une immense portion du peuple des campagnes et des villes ont lu les manifestes du Roi, les protestations du Roi contre les abus de l'ancien régime, et son admirable exposé des principes de la monarchie représentative! ..

Tout ce qui est tête de faction ou de parti, tous les chefs d'intrigue savent parfaitement ce qu'est le Roi; ils connaissent sa vertu, son intelligence, son amour pour le peuple et la largeur de ses vues sur les réformes nécessaires

L'esprit des contemporains est éclairé sur ce point... Les résistances viennent du cœur!

L'œuvre humaine de conciliation et de persuasion approche de sa fin... Il faut que Dieu touche les cœurs par la grandeur des épreuves; alors tout sera fait.

Appelons l'heure de Dieu : La voix des événements peut seule vaincre l'obstination des partis.

LIVRE III

LES RESPONSABILITÉS

CHAPITRE PREMIER

UN PÉCHÉ VÉNIEL

I

Nous abordons la question des responsabilités encourues à notre époque par les parlementaires du centre droit qui ont voté la Constitution républicaine en février 1875.

Comme introduction aux lettres que nous publions dans les chapitres suivants et que nous avons adressées, sur ce grave sujet, à M. le vicomte Arthur de Cumont, ancien ministre, nous devons faire connaître nos appréciations sur un incident mémorable, relatif au vote des soixante-quinze sénateurs inamovibles qui, neuf mois après le vote de la Constitution Wallon, fit échouer l'intrigue du centre droit.

Nous avions dit, dans l'*Etoile* d'Angers, que s'il nous était démontré que M. de la Rochette avait amené quelques-uns de ses amis à voter directement pour des hommes de l'extrême gauche, nous aurions blâmé cette tactique parlementaire, même avec son caractère essentiellement accidentel.

Le journal de M. de Falloux, l'*Union de l'Ouest*, nous répondit ainsi :

« La bonne foi, la loyauté, la sincérité de l'*Etoile* ne sauraient être mises en doute. Si extraordinaire que puisse paraître son ignorance d'un fait patent, public, connu partout et de tout le monde, avoué même par ses auteurs, du moment qu'elle déclare n'avoir aucune preuve de ce fait, il faut s'incliner devant son affirmation comme on s'incline devant tant d'autres phénomènes que l'on admet sans pouvoir les expliquer ni les comprendre. Mais puisque ce point d'histoire contemporaine est toujours obscur pour l'*Etoile*, elle a un moyen facile et simple de s'éclairer. Qu'elle interroge les membres de l'extrême droite, bénéficiaires de cette criminelle intrigue. Il en est encore au Sénat. Ils seront certainement heureux et empressés de lui communiquer leur recette ; de lui apprendre comment on se fait douze mille livres de rentes inamovibles en livrant aux pires radicaux et à des athées notoires, l'Eglise, la société, les plus chers intérêts de la France. »

Ces dernières paroles, dictées par la colère, par la haine et par l'immense regret de n'être pas entré au Sénat, étaient plus qu'étranges dans les colonnes d'un journal dont les patrons ont soutenu, depuis trente ans, l'immoral système des coalitions sans principes avec les orléanistes et les républicains contre l'Empire, avec les bonapartistes et les orléanistes contre la République.

Le journal de M. de Cumont n'a le droit ni de juger ni de condamner quelques royalistes d'extrême droite qui, pour une circonstance donnée, se seraient engagés dans une entente accidentelle (que nous avons désapprouvée dans le temps) avec le centre gauche ou l'extrême gauche de l'Assemblée nationale pour empêcher le triomphe d'une éternelle intrigue dirigée contre le Roi, contre la royauté, contre les royalistes.

Notre contradicteur pourrait-il nous dire ce qu'ont rapporté de rentes à ses amis les chefs du centre droit et à ses patrons devenus ministres, les coalitions de 1850, de 1863, de 1869, de 1871, de 1873, ainsi que le vote de trahison qui consacra la constitution républicaine? On ne nous répondra jamais sur ce point.

Mais nous le répétons : En fait de coalitions immorales, les hommes de la rue de Poitiers, les politiques de l'union libérale et de l'union soi-disant conservatrice, les amis des ducs Decaze et d'Audiffret-Pasquier, les admirateurs de M. Thiers, n'ont le droit de juger ni de condamner personne.

II

M. de Cumont fait de notre bonne foi, de notre loyauté, de notre sincérité un éloge ironique, et de notre ignorance des faits contemporains une critique que nous devons relever.

M. de Cumont n'a vu dans notre opinion, rappelée plus haut, que ce qu'il lui a plu d'y voir.

Un seul mot va lui faire comprendre toute notre pensée.

Nous ne croyons pas que ceux de nos amis de l'extrême droite qui suivirent la tactique parlementaire de M. de La Rochette, aient *directement* contribué aux succès des candidats de l'extrême gauche, en ce sens *qu'ils aient voté eux-mêmes pour les candidats* de ce groupe.

Nous n'avons jamais ignoré, nous n'avons pas oublié, nous n'avons pas l'intention de nier les faits qui signalèrent, au sein de l'Assemblée nationale, en décembre 1875, l'élection des 75 sénateurs inamovibles ; nous n'avons ni ignoré ni oublié le juste châtiment qui frappa, aux applaudissements de la France royaliste, le centre droit tout entier s'effondrant au moment où il croyait toucher au triomphe ; nous n'avons jamais ignoré, nous n'avons pas oublié que cet échec des habiles fut dû surtout à une tactique électorale et parlementaire de quelques députés de l'extrême droite ayant à leur tête M. de La Rochette, l'un des plus dignes, des plus vertueux, des plus fidèles et des plus intelligents royalistes de ce temps.

M. de La Rochette a pu se tromper, mais a-t-il trahi ses principes? Jamais. Dans cette entente accidentelle sur une question de personnes et pour un cas parfaitement défini et déterminé, il pouvait croire comme M. de Soland à la théorie du *moindre mal;* il pouvait croire que l'intrigue orléaniste, alors dans toute sa floraison, offrait plus de danger pour l'avenir de la Monarchie, de l'ordre et de la liberté que l'élection au poste de sénateur de quelques députés du centre gauche et de la gauche avec lesquels s'étaient si souvent alliés les hommes du centre droit.

Nous n'avons pas approuvé cette tactique, mais nous n'avons jamais cru que le vaillant royaliste pût vouloir pousser sa compromission, même accidentelle avec les républicains, jusqu'à s'engager à voter pour les députés de l'extrême gauche. Nous avons toujours cru, à tort ou a raison, que le seul but de nos amis avait été de fermer l'entrée du Sénat aux hommes du centre droit, les pires ennemis de la Restauration royale, et qui, nous pourrons en rappeler les preuves, *venaient d'échouer eux-mêmes dans leur tentative d'alliance avec les gauches* pour s'emparer du Sénat et plus tard de la Chambre, afin d'assurer pour l'avenir le succès de la candidature présidentielle du duc d'Aumale, ce qui fut révélé par le *Times* avec l'assentiment du *Journal de Paris* et du *Moniteur*.

Voilà ce que nous avons toujours pensé de la manœuvre parlementaire de nos amis de l'extrême droite.

III

Nous dirigions, en 1875, le *Courrier de l'Aude* et nous avons, aux premières nouvelles de l'entente du groupe La Rochette avec les gauches, désapprouvé franchement cette tactique parlementaire.

Voici ce que nous écrivions à la date du 16 décembre 1875 :

« On peut croire que ce n'est ni la passion, ni l'esprit de parti qui inspire notre jugement sur les graves événements dont la France se préoccupe. M. E. de La Rochette, ce noble et sympathique député de l'extrême droite, a-t-il, avec quelques-uns de ses amis, fait un pacte avec la gauche ? — A quoi ces cœurs vaillants et honnêtes se sont-ils engagés ? — Si M. de La Rochette a dit à ses collègues de la gauche : « Votez pour nous, nous voterons pour vous ; » il a eu tort ; s'il a dit aux gauches : Faites ce que vous voudrez, nous ne voterons que pour nous ; gardons chacun notre liberté d'action, M. de La Rochette et ses amis ont été dans leur droit.

Cette dernière supposition nous paraissait devoir être admise, d'après les résultats des premiers scrutins, et l'*Union nationale* de Montpellier, l'avait dit en ces termes excellents :

« Tous les membres de la gauche élus hier ont obtenu, en effet, le même nombre de voix, soit 346 ; tandis que ceux de l'extrême droite en ont obtenu jusqu'à 357.

« D'où viennent ces suffrages ?

« Les uns affirment que les dix intransigeants de l'extrême droite ont voté pour leurs amis ; d'autres que c'est aux bonapartistes qu'ils doivent leur majorité.

« Ce qu'il y a de certain, c'est que l'extrême droite n'a pas voté pour la liste des gauches, car encore une fois, si l'on admettait cela, il serait impossible d'expliquer pourquoi toute la liste républicaine n'a pas passé. »

Tel était aussi notre calcul : mais, nous devons l'avouer, la lettre de M. de La Rochette, qu'on lira ci-après, est loin d'éclaircir nos doutes, et nous penchons à croire à une *entente* avec la gauche, dans le sens que nous condamnons. Donc, *sauf explications ultérieures*, nous devons, sans hésiter, désapprouver une tactique qui n'est autre chose qu'une application accidentelle de la fameuse *union libérale* que nous avons combattue. »

Nous terminions en engageant les députés de l'extrême droite à suivre le conseil que leur donnait l'*Univers*, c'est-à-dire de porter quand même une liste toute à eux, de façon à faire échouer les élections sénatoriales en empêchant une majorité quelconque de se former en faveur d'aucune liste.

Dans la lettre de M. de La Rochette, à laquelle nous faisions allusion dans cet article, ce vaillant député royaliste s'exprimait en ces termes :

« Ce qui m'étonne, avant tout, c'est de voir des collègues, qui ont fait une *alliance politique* avec toutes les gauches dans le but de fonder la République, s'indigner aujourd'hui, parce que quelques amis et moi nous nous sommes entendus avec elles pour faire entrer quelques légitimistes dans le Sénat.

« Eux, pour contracter cette alliance, ils ont rompu avec tous leurs précédents ; ils ont renié, en apparence au moins, toutes leurs convictions monarchiques. Ils ont fondé la République ou s'y sont ralliés, et, maintenant, ils viennent nous reprocher un acte, qui n'est, en réalité, qu'une tactique parlementaire, sans l'abdication d'aucun principe, ce qui se rencontre et se voit dans toutes les assemblées politiques.

« La question n'est donc pas là et ces colères ont une plus haute signification.

« Les chefs du centre droit ont fait la République contre le Roi et contre les royalistes. Cela ne peut pas être contesté.

« Maintenant que la République est faite, ils veulent la gouverner, toujours contre le Roi et aussi contre les républicains, avec le concours des royalistes.

« Je n'accepte pas, pour ma part, l'immoralité de cette politique.

« Le but du centre droit est évident, les intelligences les plus obscures et les yeux les moins clairvoyants le comprennent et le voient.

« Le centre droit, sous une forme quelconque, veut refaire 1830, époque qui est l'origine de tous nos malheurs.

« Ses chefs les plus autorisés ont dans le cœur la haine du Roi légitime, et s'ils arrivaient au Sénat, la Monarchie héréditaire serait perdue. »

Les intentions étaient excellentes, le but poursuivi était patriotique, mais cette entente avec les gauches, entente dont nous ignorions les conditions exactes, nous paraissait blâmable, et nous l'avons blâmée, sans nous arrêter davantage à un acte qui, fût-il aussi coupable que le prétendent nos adversaires, était un péché véniel à côté des faits d'alliance contractés depuis sa fondation par l'*Union de l'Ouest* et ses amis.

Mais, nous le répétons, depuis lors, les explications ultérieures de M. de La Rochette nous ramenèrent à la pensée que nos amis n'avaient pu consentir à voter pour les candidats de l'extrême gauche, se contentant de promettre d'exclure le centre droit et d'accepter d'être portés sur la liste des gauches.

En effet, vers la fin de décembre 1875, M. de La Rochette publiait dans l'*Espérance du Peuple* une nouvelle lettre dans laquelle, après avoir constaté l'échec complet du centre droit, il faisait la déclaration suivante, très importante pour l'histoire :

« Si quelques membres de l'extrême gauche sont arrivés, il sont en « petit nombre, et d'ailleurs ce n'est pas nous qui en sommes respon-

« sables, puisque notre alliance avait cessé d'être le jour où ils ont été « nommés. »

Si, contrairement à cette affirmation formelle de M. de La Rochette, nous avions un jour la preuve que M. de La Rochette et ses amis ont voté pour les candidats de l'extrême gauche nous serions prêts à confirmer le jugement émis par nous dans le *Courrier de l'Aude* du 16 décembre 1875.

Car, encore une fois, si nous pouvons nous tromper sur les circonstances qui peuvent aggraver ou excuser un acte de tactique parlementaire, nous n'avons pas deux poids et deux mesures quand il s'agit de condamner les alliances contraires à nos principes et les fautes de nos meilleurs amis : nous avons fait nos preuves à ce sujet.

Nous verrons bien si M. de Cumont en agit de même, si c'est par *ignorance* de l'histoire contemporaine, par excès de *bonne foi*, de *franchise* et de *sincérité*, qu'il blâme dans M. de La Rochette ce qu'il glorifie en M. de Falloux. C'est là que nous l'attendons.

IV

M. de Cumont, en condamnant avec une si inexorable sévérité, en des termes qu'il n'emploirait pas à l'égard d'aventuriers politiques, dans l'acte accidentel du groupe La Rochette, ce qu'il a glorifié, depuis 1848 jusqu'à ce jour, dans la conduite du centre droit et de ses amis de la droite prétendue modérée, montre bien l'incurable aveuglement de la haine et de l'ambition déçue.

Avoir entraîné le clergé et les catholiques dans l'indifférentisme politique en cherchant à les rallier à la République de 1848; avoir donné l'exemple de cet abandon criminel de la cause royaliste en acceptant d'être le ministre du prince Louis-Napoléon; avoir préparé le coup d'Etat de 51, dont les conséquences logiques ont produit l'invasion prussienne, les désastres de la patrie, les horreurs de la Commune et la persécution religieuse de l'heure actuelle; s'être allié aux républicains libres-penseurs pour combattre l'Empire au nom de l'union libérale, sauf à s'allier ensuite, au nom de l'union conservatrice, aux impérialistes pour faire la guerre à la République; avoir constamment pour alliés contre les royalistes et contre le programme du Roi les politiques du centre droit qui, après avoir voté le Septennat contre la monarchie, ont voté la République avec les républicains de toutes les gauches; avoir fait tout cela, c'est avoir depuis trente ans mérité les éloges et les enthousiastes félicitations de M. de Cumont.

Notre contradicteur qui n'a jamais voulu condamner l'union libérale, n'a pas le droit de condamner la tactique accidentelle du groupe La Rochette.

Le programme de l'union libérale était bien simple; M. de Falloux l'a développé en 1869 dans le *Correspondant*; il consistait à s'allier, sous prétexte de défendre la liberté contre l'Empire, avec les républicains de toute nuance, en écartant pour rendre possible le pacte d'alliance, *la question dynastique et la question religieuse*. Nous aurons bientôt l'occasion de citer le texte formel du *Correspondant* du mois de mars 1869.

Cela se pratiqua ainsi dans toute la France; dans toute la France, les royalistes et les catholiques furent joués et immolés. Le ministère Ollivier surgit, soutenu par les 116 libéraux sortis des élections et portant dans ses flancs le triomphe des hommes du 4 septembre, Picard, Jules Favre, Jules Simon, etc., tous les héros républicains de l'union libérale!

Notre contradicteur a-t il jamais fait autre chose que de glorifier cette monstrueuse coalition?

N'a-t-il pas honte, alors, d'élever la voix pour injurier une dizaine de vaillants royalistes qui, en une heure de suprême indignation et de colère patriotique, quelques mois après le vote de la République par le centre droit, au moment où l'orléanisme allait mettre la main sur la France, crurent devoir jeter en travers de ces projets ambitieux une tactique purement *parlementaire!*

CHAPITRE II

PREMIÈRE LETTRE A M. LE VICOMTE A. DE CUMONT

Directeur de l'*Union de l'Ouest*

2 juillet 1882.

I

Monsieur,

J'ai trouvé, dans l'*Union de l'Ouest* du 27 juin, une réponse à ma réplique intitulée SILENCE A L'UNION LIBÉRALE, parue dans l'*Etoile* du 18 juin.

Cette réponse, signée : *Un de vos abonnés*, a été écrite évidemment par un orléaniste doublé d'un sceptique, car elle ne contient qu'une tentative d'apologie de la politique du centre droit, passant toutefois sous silence les accusations formulées par moi contre M. le comte de Falloux et que j'ai justifiées dans l'*Etoile* du 25 juin, par des textes qui sont des preuves pour tous ceux que n'aveugle pas la haine du Roi.

Votre correspondant ne peut être M. de Falloux ; d'abord parce que sa lettre grossière et embrouillée, est d'un style peu digne d'un académicien ; ensuite parce que M. de Falloux n'aurait pas oublié de parler de lui-même.

Cette lettre n'est pas de vous, Monsieur le vicomte, car, en écrivain qui a en horreur l'*anonyme*, vous n'auriez pas manqué de la signer. Vous n'êtes pas homme à rejeter la responsabilité d'un article où l'orléanisme est glorifié et les royalistes fidèles odieusement outragés.

Cependant votre scepticisme politique m'étant bien connu, j'ai pu vous soupçonner un instant d'être l'auteur du ridicule pamphlet où l'on ne cite pas mes preuves pour pouvoir affirmer que je n'en donne pas, où l'on me fait dire effrontément ce que je n'ai pas dit, où l'on se borne à citer quelques lignes d'une réponse de quatre colonnes, où enfin l'*abonné,* fidèle aux leçons de l'*Union de l'Ouest* transporte la question sur un autre terrain pour éviter de s'expliquer sur le point en discussion, ainsi que je le montrerai.

Oui, j'ai été tenté un moment, M. le vicomte, de vous attribuer la paternité de la lettre signée d'*un de vos abonnés;* veuillez ne pas trop m'en vouloir.

N'est-ce pas vous, en effet, qui avez publié cette profession de foi dans l'*Union de l'Ouest* du 30 septembre 1870 :

« Ni le parti légitimiste, ni le parti orléaniste, ni le parti républicain n'ont exercé et n'exerceront jamais sur moi aucun empire. Ma conscience est mon guide et je n'en veux point d'autre. L'âge, la réflexion et l'étude m'enseignent à ne plus attacher de prix qu'aux principes qui ne changent pas : la foi, la liberté, la justice et l'honneur. Mes amis le savent bien. Quelques-uns me blâment; beaucoup d'autres m'approuvent ; et je vais toujours suivant ma voie. En religion, un croyant; en politique, un libre-penseur; me voilà tel que je suis, tel que je resterai. »

Vous êtes resté fidèle à votre scepticisme politique en ce qui touche aux doctrines légitimistes; mais, vous ne le nierez pas, *le parti orléaniste* a plus d'une fois, depuis 1870, exercé son empire sur vous... ce qui se verra bien par la suite de cette lettre.

Quoi qu'il en soit, je m'imagine que l'auteur de la réponse qui est venu en aide à l'*Union de l'Ouest*, pourrait bien être certain personnage que j'ai vu et entendu, dans une salle du couvent des Capucins, à l'époque de l'expulsion des religieux, prenant des airs d'orateur de club et glorifiant avec véhémence ses amis du centre droit aux dépens des royalistes intransigeants.

Vous devez vous en souvenir, Monsieur le vicomte, car vous y étiez aussi.

Pas plus que votre *abonné,* je ne veux céder *à la tentation du dédain.* Je veux, comme lui, mais plus justement que lui, *dénoncer hautement les faux-monnayeurs, chaque fois que je les prendrai en flagrant délit de fabrication de fausse monnaie, au lieu de laisser le champ libre à leur coupable industrie.* Ce sont les expressions polies de votre abonné, Monsieur le vicomte ; seulement, le lecteur de bonne foi qui aura lu les deux journaux, l'*Etoile* et l'*Union de l'Ouest*, jugera que le faux monnayeur, en polémique, c'est l'écrivain qui se cache pour injurier et qui, au lieu de citer les arguments de son adversaire, n'en tient aucun compte et bâtit une longue colonne de bavardage au sujet d'une proposition que je n'ai pas émise et qu'il me prête gratuitement, comme on le verra bientôt.

De quoi s'agissait-il dans mon article du 18 juin ?

Je voulais prouver, par l'exposé rapide des faits que les hommes de l'ancienne rue de Poitiers, ces hommes qui avaient poussé au coup d'Etat de 1851, les politiques de l'union libérale et de l'union soi-disant conservatrice, les amis de M. Thiers, des ducs Decaze et d'Audiffret-Pasquier, n'avaient pas le droit de juger et de condamner les quelques royalistes d'extrême droite qui pour une circonstance donnée, se seraient engagés, en décembre 1875, dans une entente accidentelle (que j'ai désapprouvée) avec le centre gauche ou la gauche de l'Assemblée nationale dans le but d'empêcher le triomphe d'une intrigue.

Là-dessus j'ai rappelé les faits de décembre 1875 ; j'ai montré que la tactique de M. de La Rochette avait amené l'effondrement du centre droit ; que le centre droit avait mérité cet effondrement et qu'il n'avait pas le droit de se plaindre, puisqu'il avait adhéré à l'union libérale sous l'Empire et qu'il avait, en février 1875, voté la République avec toutes les gauches.

Voilà la thèse qu'il fallait discuter.

Que fait votre *abonné*, Monsieur le vicomte ?

Il passe légèrement sur l'union libérale et c'est encore pour la glorifier;

Il répète les malédictions dont le centre droit et l'*Union de l'Ouest* ont accablé M. de La Rochette et son groupe; essayant de prouver cette thèse risible que la persécution actuelle contre l'Eglise et contre les catholiques français a pour cause, non la coalition libérale avec les radicaux sous l'Empire, non le vote de la République par le centre droit, mais l'élection de quelques sénateurs du centre gauche et de la gauche. Quant à l'union libérale, l'abonné, je le répète, n'en parle que pour la glorifier. Je cite :

« Vouloir assimiler, comme le fait l'*Etoile*, l'union libérale du temps de l'Empire à la manœuvre traîtresse des députés de l'extrême droite en 1875, et prétendre excuser la seconde par la première, est d'un pauvre avocat et tourne contre ceux que l'on voudrait défendre. En revendiquant la liberté sous l'Empire, en acceptant pour alliés quiconque la revendiquait avec eux, les catholiques défendaient la cause même de l'Eglise et l'indépendance même de son chef, compromise par le pouvoir absolu, sacrifiée par une politique sans contrôle. Où est l'analogie, où est la comparaison, où est le rapprochement ? Par quels paradoxes, par quelles subtilités de langage, arriverait-on à mêler, à confondre, à identifier les deux dates, les deux procédés, les deux buts et les intentions, et les hommes ? Les uns se coalisèrent dans une pensée avouable et généreuse ; les autres cherchaient une place et une vengeance. Ceux-là se préoccupaient uniquement du pays et de l'Eglise, ceux-ci les ont vendus. »

Je reviendrai bientôt sur l'union libérale : remarquez seulement que l'*abonné* de l'*Union de l'Ouest* porte l'absence de sens moral jusqu'à l'apologie absolue de l'union libérale... tandis qu'il n'a pas assez d'outrages pour nous qui avons blâmé la tactique parlementaire de M. de La Rochette.

Si vous pouviez être juge en cette question, Monsieur le vicomte, je vous demanderais de me dire où est la bonne foi, où est la passion, où est l'impartialité, où est la haine !

II

J'avais dit que les politiques du centre droit avaient, en décembre 1875, tenté de s'allier aux gauches et qu'ils avaient échoué :

J'aurais pu citer l'élection de M. le duc d'Audiffret-Pasquier porté sur la liste des gauches, élection qui n'a jamais soulevé la *généreuse* indignation de ses amis. Mais le fait que je signalais a été révélé et affirmé publiquement par la presse française à cette époque.

M. de La Rochette, dans un résumé historique des faits qui s'étaient passés à l'Assemblée nationale, publié dans l'*Espérance du peuple*, fin décembre 1875, s'exprime ainsi :

« Le centre droit est complètement indifférent sur les alliances politiques. Il va tantôt à gauche, tantôt à droite, selon ses intérêts et le profit qu'il peut en attendre pour se maintenir au pouvoir.

« Dans les élections sénatoriales, *il a commencé par vouloir s'entendre avec les gauches ; mais repoussé par elles en raison de certains candidats qu'on voulait lui imposer, il s'est retourné* et a demandé à s'entendre avec la droite modérée et l'extrême droite, composant la réunion des chevau-légers. »

Plus loin, après avoir rappelé les débuts de l'élection des 75, M. de La Rochette continue en ces termes :

« Le lendemain la parole donnée fut accomplie, en grande partie au moins. Sept candidats de la droite furent nommés ; et nous constatons que la gauche tenait sa parole aussi exactement que possible, tandis que le centre droit ne tenait pas la sienne, puisque, malgré les efforts et les votes des dissidents, aucun candidat des chevau-légers, à l'exception de M. Kolb-Bernard, n'était arrivé à la majorité. Il restait encore trois candidats à élire dans les rangs de la droite dissidente. A ces trois candidats M. de La Rochette en avait joint un quatrième.

« Dans ces conditions, nos amis prêtèrent encore, dans une certaine mesure, concours à la gauche et firent triompher quelques membres du centre gauche et du groupe Lavergne ; mais, encore cette fois, leurs quatre candidats ne furent pas élus. Il s'ensuivit, immédiatement, un nouveau retrait de concours, et le lendemain, nos amis ne votèrent que pour les quatre candidats qui leur étaient dus par les conventions.

« Trois sur les quatre arrivèrent à la majorité ; le quatrième, qui était resté en arrière de cinq voix, fut abandonné le lendemain, et l'alliance fut terminée.

« Dans les derniers scrutins, chacun avait repris sa liberté, et nos amis, par leur concours, firent passer, quelques jours plus tard, Mgr Dupanloup et l'amiral de Montagnac.

« Tous les sénateurs qui ont été nommés, depuis le jour où M. Fourcand arriva seul à la majorité, l'ont été sans le concours de nos amis.

« Comment se fait-il que, sans ce concours, la gauche ait pu faire nommer M. Littré et quelques autres de la gauche la plus avancée.

« C'est un mystère... et le secret des urnes est insondable. Nous ne nous chargeons pas de l'expliquer parce que, tout en ayant des soupçons fondés, nous n'avons pas de certitude. »

L'affirmation de M. de la La Rochette est confirmée par les feuilles du temps.

L'*Evénement*, feuille républicaine, disait :

« Le centre droit n'a pas encore renoncé à toute espérance de faire passer quelques-uns de ses candidats et dès hier soir, M. Delsol a essayé de négocier avec l'extrême droite, pendant que, d'autre part, des avances étaient faites au centre gauche. »

La *Liberté*, nuance républicaine aussi, publiait cette note vers le milieu de décembre :

« Nous tenons de bonne source qu'une démarche aurait été tentée, dans la soirée de samedi, près de MM. Gambetta, Jules Simon et Ricard, par un député que nous ne voulons pas nommer, mais qui s'était préalablement concerté avec M. le duc d'Aumale. La démarche avait pour but la reprise des négociations du centre droit avec les gauches, et la répartition *au prorata* des sièges sénatoriaux encore vacants entre les amis de M. le duc d'Aumale et les gauches.

« Si nos renseignements sont exacts, et nous ne croyons pas qu'ils soient démentis, MM. Gambetta, Jules Simon et Ricard auraient formellement repoussé ces offres. »

Le même journal disait encore :

« On continue de trouver fort extraordinaires les reproches dont les journaux orléanistes accablent les membres de l'extrême droite, qui se sont laissé porter sur la liste des gauches alors qu'il est de notoriété publique que M. le duc d'Aumale est venu tout exprès à Paris pour tâcher de renouer avec les gauches l'alliance que les exigences de ses amis ont seules détruites. »

Le même journal la *Liberté* publiait cette information :

« On commentait beaucoup hier, à l'issue de la séance, l'accueil singulièrement glacial fait à M. le duc de Broglie par M. le duc d'Aumale, qui était pour l'alliance avec les gauches, et qui ayant combattu de toute son autorité l'idée d'une liste faite exclusivement par les droites, ne pouvait pardonner à M. le duc de Broglie d'avoir fait prévaloir, dans un intérêt personnel, la combinaison qui vient d'échouer avec tant d'éclat.

« On sait que des pourparlers très actifs avaient eu lieu entre le centre droit et les commissaires des gauches, et que l'une des causes de la rupture des négociations a été le refus opposé par M. le duc de Broglie à ceux qui lui demandaient de décliner toute candidature. »

On écrivait de Versailles à l'*Union*, au sujet des révélations de la *Liberté* :

« Je dois signaler une note de la *Liberté* qui, hier, n'a pas été sans soulever bien des commentaires :

« A la suite de la séance de vendredi, une tentative désespérée a été faite auprès du centre gauche par le centre droit, en vue d'arriver à la formation d'une liste de conciliation. Le centre droit a été jusqu'à offrir de s'engager à ne porter aucun candidat qui n'eût pas voté la Constitution. Cette tentative a complètement échoué.

« La tentative a échoué, mais je puis affirmer que, si désespéré qu'on en dise le succès, on est prêt à la renouveler. Des noms m'ont été cités, et le centre gauche et la gauche ont reçu des propositions. »

Enfin le *Constitutionnel* confirmait positivement les informations de la *Liberté* et de l'*Union* :

« D'après le *Constitutionnel*, ce qui n'avait pas peu contribué à accentuer les divisions entre les légitimistes et les orléanistes, c'était l'arrivée inattendue de M. le duc d'Aumale à Versailles. On prétendait que le duc d'Aumale était venn donner à ses amis politiques du centre droit un dernier conseil, qu'il s'était prononcé pour le programme soutenu par M. d'Audiffret, l'alliance avec les gauches. Mais le duc d'Aumale était arrivé trop tard. A 2 heures, le duc d'Aumale tendant la main à un membre du centre droit, a prononcé ces mots : « Je retourne à Besançon. » Quelques minutes plus tard, le général se rendait à Paris, sans même conférer avec les membres du centre droit. »

Mais voici ce qui expliquerait le mystère sur lequel la généreuse bonne foi de M. de La Rochette n'osait conclure.

M. S. Laurentie publiait ces lignes dans l'*Union* :

« De hautes notabilités du centre droit, parmi lesquelles on cite M. le duc de Broglie et M. le duc Decazes, seraient allées jusqu'à solliciter les gauches, représentées par M. Jules Simon, de voter en leur faveur, en offrant de nombreuses radiations sur la liste des droites.

« Si ce renseignement est exact, on devine quels noms seraient tout d'abord sacrifiés.

« Au reste, les détails sont ici superflus. Il est trop visible que le centre droit n'éprouve qu'un regret, c'est de n'avoir pas refait contre la droite, il y a quinze jours, la coalition de février, et qu'il n'a plus aujourd'hui qu'un désir : c'est de la reformer avant la clôture du scrutin sénatorial. La gauche semble jusqu'à présent lui tenir rigueur ; qui voudrait jurer pourtant qu'elle résistera jusqu'au bout. »

Vers le 22 décembre, la *France* de M. E. de Girardin révélait les faits suivants :

« On se préoccupe beaucoup dans le camp orléaniste, des prochaines élections sénatoriales de l'Oise, de la candidature de M. le duc d'Aumale, et l'on est en train de discuter les bases d'une alliance avec les républicains.

« Plusieurs conférences se sont déjà tenues, à cet effet, chez M. Germer-Baillière, conseiller municipal de Paris. La cause orléaniste y était représenté notamment par M. Auguste Laugel.

« L'ami et ancien secrétaire de M. le duc d'Aumale ayant vivement insisté d'abord pour que deux candidatures sur trois fussent attribuées aux orléanistes, ne laissant ainsi qu'un siège à la disposition du parti républicain, les négociations avaient été rompues une première fois.

« Elles ont été reprises hier dimanche, et de nouveaux pourparlers ont eu lieu, à deux heures, chez M. Germer-Baillière.

« Cette fois-ci, M. Auguste Laugel, renonçant à exiger la part du lion, a proposé de donner deux candidatures au parti républicain, la troisième étant naturellement réservée à M. le duc d'Aumale.

« Si nous sommes bien informés, l'accord ne serait pas encore définitivement établi. »

Monsieur le vicomte, votre abonné de l'*Union de l'Ouest*, demande des preuves ; en voilà.

C'est à la vue de ces palinodies et de ces trahisons du principe monarchique par les amis de M. de Falloux et de l'*Union de l'Ouest* que la *Guienne* de Bordeaux, qui avait comme nous désapprouvé la tactique parlementaire de M. de La Rochette, s'écriait :

« En notre âme et conscience, avons-nous dit hier, nous blâmons l'acte parlementaire de M. de La Rochette et de ses amis. Mais nous avons eu soin de distinguer, dans cet acte, entre la *conduite* et le mobile ou la pensée. Ni l'honneur, ni les principes royalistes ne sont atteints par la stratégie des onze. Ils ont accompli avec fermeté, et même avec *violence*, — c'est là-dessus que tombe notre blâme, — un acte sincère, hautement avoué, parfaitement défini dans son caractère et dans son but, qui peut et doit déplaire à beaucoup, que nous regrettons pour notre part, mais que nous ne permettrons pas aux trafiquants du centre droit « libéral » de transformer en palinodie.

« M. de La Rochette et ses amis n'ont pas fait ce que fit le centre droit « libéral » en votant la République : ils ont fait précisément tout le contraire.

« Voter la République quand on est monarchiste, c'est un acte d'hypocrisie, c'est une œuvre d'intrigant, c'est le cynisme dans l'immoralité. Et voilà ce qu'a fait le centre droit « libéral. »

« Que les hommes publics du centre droit, dans leurs conciliabules et dans leurs gazettes, calment donc leurs fausses pudeurs effarouchées. L'acte des onze est, selon nous et beaucoup de nos amis, l'erreur de l'honnêteté indignée ; la palinodie du 25 février fut une transaction dictée par la plus basse des rancunes et la moins avouable des intrigues. »

C'est la thèse soutenue par nous dans notre article du 18 juin, et telle fut l'opinion de la majorité des feuilles vraiment royalistes.

Où en était alors l'intrigue orléaniste qui, après le vote de la République par le centre droit avait motivé la conduite du groupe La Rochette ?

Le *Moniteur universel* rapporta une conversation d'un correspondant du *Times* avec *l'un des hommes les plus éminents du parti orléaniste :*

« Ce chef du centre droit avait dit entre autres choses : « Le pays a besoin de savoir ce que nous sommes et ce que nous voulons. Notre intention est de servir loyalement le gouvernement actuel. *Mais il faut que le pays sache que nos espérances sont personnifiées dans un homme : le duc d'Aumale.* Nous voulons que le pays sache que nous nous efforcerons de porter le duc d'Aumale à la magistrature suprême de la République, le jour où, *par la conséquence naturelle des lois constitutionnelles*, le poste sera devenu vacant. »

Le *Moniteur universel*, feuille orléaniste, faisait précéder l'article du *Times* des lignes suivantes :

« La *Liberté* a eu le bon esprit de reproduire la conversation suivante que le correspondant parisien du *Times* a eue avec *un des chefs les plus éminents du parti orléaniste*, qui, d'après cette feuille, ne serait autre que le duc d'Audiffret-Pasquier. Les vues qui s'y trouvent exprimées nous semblent excellentes, et nous empruntons à la *Liberté* sa traduction à laquelle on ne saurait donner assez de publicité. »

Il nous semble que ces documents anéantissent le démenti *dépourvu de preuves* que nous envoie l'anonyme de l'*Union de l'Ouest.*

III

Nous avions dit cette chose bien simple et bien vraie :

« Les politiques du centre droit, APRÈS AVOIR VOTÉ LE SEPTENNAT
« CONTRE LA MONARCHIE, ont voté la République avec les républicains
« de toutes les gauches. »

Savez-vous, Monsieur le vicomte, ce que me fait dire l'anonyme de votre journal ?

Mais... vous devez le savoir.

L'honnête *abonné* de l'*Union de l'Ouest* me fait dire que le Septennat n'a été voté *que par les députés du centre droit.*

Alors, l'ennemi des faux-monnayeurs me prêtant, par deux fois, cette sottise, se lance avec emphase dans une démonstration historique pour m'apprendre que des royalistes, soixante-dix royalistes ont voté le Septennat.

La démonstration était facile. L'*abonné* déroule longuement sa réfutation d'une proposition qui n'a jamais été et ne pouvait être ni dans ma pensée ni sous ma plume.

Voici comment débute cette pompeuse démonstration destinée à faire oublier aux lecteurs de l'*Union de l'Ouest* l'union libérale, les coalitions du centre droit avec les radicaux, et le vote de la République :

« Ainsi, le vote en faveur du Septennat était un vote contre la monarchie, et comme le centre droit est le pire ennemi de la monarchie, il s'est empressé de voter le Septennat, tandis que la très pure, très fidèle, très royaliste extrême droite *a voté en masse contre le septennat. C'est bien là*, n'est-ce pas *ce que* *signifie la phrase de l'*ETOILE? Voyons donc un peu ce qui s'est passé, ce qu'a fait l'extrême droite, par quelles objections, quels refus, quelle résistance elle a combattu la prolongation des pouvoirs du maréchal de Mac-Mahon, repoussé l'odieuse proposition du septennat sortie des machiavéliques calculs du centre droit.

« Le 6 novembre 1873, la Chambre tint sa première séance de rentrée, et le président, M. Buffet, donna lecture d'une proposition ainsi conçue;

« Le pouvoir exécutif est confié pour 10 ans au maréchal de Mac-Mahon, duc de Magenta, à partir de la promulgation de la présente loi.

« Le pouvoir continuera à être exercé dans les conditions actuelles jusqu'aux modifications qui pourraient y être apportées par les lois constitutionnelles.

« Une commission de 30 membres sera nommée, sans délai, en séance publique et au scrutin de liste, pour l'examen des lois constitutionnelles. »

Cela continue ainsi. Vous racontez, je me trompe, votre *abonné* raconte tout au long, à sa manière, bien entendu, les faits relatifs au vote du Septennat en novembre 1873; faits qui se rattachent à un autre ordre de faits dont l'*abonné* ne parle pas, à l'essai de restauration monarchique et à l'intrigue du drapeau et qui m'ont fait dire avec l'histoire inexorable, Monsieur le vicomte, que le centre droit a voté le Septennat contre la Monarchie... la Monarchie légitime.

L'*abonné* de l'*Union de l'Ouest* poursuit donc son inutile entreprise : il prouve aisément que soixante à soixante et dix membres de l'extrême droite ont voté le Septennat et il conclut ainsi :

« Nous voici à la fermeture du scrutin; nous voici au dépouillements des votes. Quel est le résultat? 378 voix pour le Septennat; contre 310. Et la part de l'extrême droite dans ce chiffre de 378 députés qui ont voulu maintenir le Maréchal sept années de plus sur son siège présidentiel? SOIXANTE-DIX, au moins. Quantité et qualité. Je vois en effet au nombre des votants du Septennat :

« MM. LUCIEN BRUN; *Théry;* DE LA BASSETIÈRE; *Pageot;* CAZENOVE DE PRADINE; *de Partz;* DE LORGERIL; *de Tarteron;* DE LA ROCHEJACQUELEIN; DE LA MONNERAYE; DE CARAYON-LATOUR; DE LAROCHEFOUCAULT, DUC DE BISSACCIA; Ernest DE LA ROCHETTE, etc...

« Voilà comment le Septennat *a été inventé* par les députés du centre droit. Voilà comment il n'a été signé que par des députés du centre droit. Voilà comment *il n'a été voté que par les pires ennemis de la Monarchie.* »

Ainsi, en voilà la preuve, l'*abonné* se comporte à mon égard comme un *faux-monnayeur* en m'attribuant une pensée et deux phrases qui ne sont pas dans mon article et que rien ne justifierait dans ma thèse. Il y a plus, il fausse l'histoire.

Il assimile le vote du Septennat par le centre droit au vote du Septennat par les royalistes.

Oui, monsieur, le Septennat a été inventé par les hommes du centre droit et voté par eux contre la Monarchie.

Le centre droit — l'histoire est écrite de cette époque et le Roi s'est réservé de faire, en temps et lieux, la lumière sur les faits. — Le centre droit vote le Septennat contre la Monarchie, par dépit de n'avoir pu imposer ses conditions parlementaires au Roi et à la nation, en dehors de laquelle le Roi ne voulait pas s'engager; les royalistes qui eurent la faiblesse de voter le Septennat le firent parce qu'ils crurent aux déclarations de M. le duc de Broglie.

Ils ne pouvaient supposer que les hommes du centre droit, devant ces déclarations qui laissaient encore, après le Septennat personnel au maréchal, la possibilité légale de revenir à la Monarchie, ils ne pouvaient supposer que les politiques du centre droit voteraient, deux ans après, la constitution républicaine.

Mais, Monsieur le vicomte, ce que l'abonné de l'*Union de l'Ouest* se garde bien de mentionner, c'est la protestation de sept des principaux députés de l'extrême droite *qui ne votèrent pas le Septennat.*

La clôture fut prononcée sans que l'un d'eux pût monter à ta tribune pour lire la déclaration suivante, qui fut publiée avec les noms des sept glorieux intransigeants :

« Convaincus que la Monarchie nationale et chrétienne est le seul moyen de salut du pays, et que vous pourriez la faire, si vous le vouliez, nous ne pouvons nous résoudre à dire à la France, par la voix du projet de loi, que nous lui offrons un instrument nécessaire et efficace de conservation sociale. Que ceux qui le pensent le disent et votent en conséquence. C'est leur droit, leur devoir : nous le respectons.

« Nous avons sondé nos consciences; cet acte ne serait pas sincère. Or, au-dessous du Roi, mais comme lui, nous n'avons jamais trompé notre pays, et nous ne le tromperons jamais. Nous nous abstenons. »

Vicomte D'ABOVILLE. — G. DE BELCASTEL. — Comte DE CORNULIER-LUCINIÈRE. — Marquis DE FRANCLIEU. — Th. DEZANNEAU. — F. DU TEMPLE. — Comte DE TRÉVILLE.

IV

Que pensez-vous, Monsieur le vicomte, de l'habileté de votre élève, l'abonné de l'*Union de l'Ouest?*

Où sont les faux-monnayeurs?

Ainsi, sur ce que je n'ai pas dit, sur une proposition que je n'ai pu penser ni pu écrire, sur un fait que je ne conteste pas, le vote du Septennat par les royalistes, mon contradicteur se jette dans une dissertation d'une colonne et demie.

Cela s'appelle enfoncer une porte ouverte; c'est vouloir étourdir le lecteur pour lui faire oublier la question.

En effet, au sujet de l'adhésion à la République de 1848, de la collaboration au coup d'Etat de 1851 par M. le comte de Falloux, l'abonné garde le silence d'un homme mort; au sujet de l'union libérale et du vote de la République par le centre droit allié des gauches dans la personne de tous ses chefs, amis les plus intimes des princes d'Orléans, sur ces questions qui sont les points en discussion entre l'*Union de l'Ouest* et moi, l'*abonné* passe rapidement; il se borne à faire, en quelques lignes, l'éloge de l'union libérale et à nier, en des termes que vous allez m'aider vous-même à qualifier, le vote de la Constitution républicaine par le centre droit.

V

J'ai reproduit plus haut le passage où vous faites l'apologie de l'union libérale. J'y reviendrai. Voici les lignes consacrées par votre journal au vote de la République en février 1875 :

« Quant à cette affirmation de l'*Etoile* que les politiques du centre droit *ont voté la République avec les républicains de toutes les gauches*, elle est aussi fausse, aussi sciemment fausse et mensongère que les autres. Le centre droit s'est divisé sur la question des lois constitutionnelles; mais sur la question de la République, il a été unanime, à une ou deux voix près, unanime pour voter contre. »

Et c'est tout...

Que pensez-vous de cette manière d'écrire l'histoire?

Dix lignes sur le grand fait qui a soulevé toutes vos colères, je veux dire toutes les colères de votre abonné.

Mon contradicteur emploie ici le même procédé honnête qu'il a employé au sujet du Septennat : il raisonne comme si j'avais affirmé que pas un seul membre du centre droit n'avait voté contre la République.

Monsieur le vicomte de Cumont, j'en appelle au tribunal de l'opinion publique : Vous dites dans votre journal, par l'intermédiaire d'un *abonné* que cette affirmation précise : LES POLITIQUES DU CENTRE DROIT ONT VOTÉ LA RÉPUBLIQUE AVEC LES RÉPUBLICAINS DE TOUTES LES GAUCHES, que cette affirmation EST FAUSSE, AUSSI SCIEMMENT FAUSSE ET MENSONGÈRE que *les autres*.

J'ai répondu pour *les autres;* je répondrai bientôt sur celle-ci.... Mais avant de poursuivre, dans une prochaine lettre, le cours de mes démonstrations, je vous arrête ici, et m'adressant à mon contradicteur de l'*Union de l'Ouest*, je lui dis :

Vous niez, sans donner de preuves, vous niez ma proposition. Vous défendez le centre droit, vous le protégez contre mes imputations. Je ne fais pas de supposition mal fondée en disant que cette indignation, que vous manifestez au sujet de mon affirmation, semble indiquer que vous désapprouvez le vote de la Constitution Wallon par des hommes qui avaient passé leur vie à se proclamer les partisans de la Monarchie...

Mais que penseriez-vous du directeur de l'*Union de l'Ouest* si je vous le montrais appartenant au groupe des habiles politiques qui, quatre ans après la Commune, ont rejeté la France dans la République légale qui nous livre actuellement au radicalisme athée?

En lisant dans le *Journal officiel* du 26 février 1875, les noms des politiques du centre droit QUI ONT VOTÉ POUR L'ENSEMBLE DE LA LOI RÉPUBLICAINE sur l'organisation des pouvoirs publics, en lisant les noms de MM. de Broglie, Barante, Bocher, d'Audiffret-Pasquier, Chabaud-Latour, de Choiseul, Cissey, Decazes, Duvergier de Hauranne, de Gouvion Saint-Cyr, d'Harcourt, d'Haussonville, de Lambert Sainte-Croix, Lastérie, Malleville, de Mérode, etc., etc.; en lisant ces noms des amis de la famille d'Orléans, j'ai rencontré ce nom que l'*abonné* de l'*Union de l'Ouest* doit connaître particulièrement : M. le vicomte A. de Cumont.

En attendant ma prochaine lettre, je vous prie, Monsieur le vicomte, de vouloir bien faire agréer à l'*abonné* de l'*Union de l'Ouest* l'expression sincère des sentiments que m'inspire son habileté à se voiler quand il nous donne des démentis et qu'il injurie les royalistes fidèles. (1)

G. VÉRAN.

---

(1) Voir la note B à la fin de ce volume.

CHAPITRE III

DEUXIÈME LETTRE A M. LE VICOMTE A. DE CUMONT

9 Juillet 1882.

I

Explications.

Monsieur le Vicomte,

Vous connaissez le dicton célèbre : *Trahit sua quemque voluptas*, qui est une vérité admise par la sagesse des nations. Ce dicton m'est revenu souvent à l'esprit tandis que je répondais aux attaques dirigées par l'*Union de l'Ouest* contre les royalistes qui, depuis un demi-siècle, ont donné à tous les partis le plus pur et le plus évident exemple du désintéressement politique.

Pourriez-vous me dire pourquoi dans l'article de l'*Union de l'Ouest* auquel je répondais dans l'*Etoile* du 18 juin, et dans la réplique de l'*abonné* auquel répondait la lettre que j'ai eu l'honneur de vous adresser samedi dernier, pourquoi je retrouve la même préoccupation, la même imputation à l'adresse des royalistes de l'extrême droite accusés tantôt *de chercher une place et une vengeance*, tantôt de vouloir se faire *douze mille livres de rentes* en ambitionnant le poste de sénateur inamovible ?

Pourriez-vous me dire pourquoi l'écrivain anonyme de l'*Union de l'Ouest* est ainsi obsédé par cette pensée mauvaise, se traduisant en une accusation aussi évidemment gratuite !

Prenez garde, ou plutôt que l'*abonné* de l'*Union de l'Ouest* prenne garde, Monsieur le vicomte, le public qui ne perd pas son sang-froid pourrait tout bas murmurer le proverbe latin : *Trahit sua quemque voluptas.*

On pourrait prendre cette accusation injuste pour l'expression spontanée et inconsciente d'un douloureux regret.

Quant au mot de *dédain*, dirigé par l'*abonné*, au sujet du silence *pathologique* de l'*Union de l'Ouest* dans les polémiques qu'elle soulève elle-même constamment, sans vouloir les poursuivre, il n'atteint, croyez-le bien, ni la dignité ni la dialectique des fondateurs et des écrivains de l'*Etoile*. Quand on *dédaigne*, on n'attaque pas, et quand on a attaqué on ne se réfugie pas ensuite dans la solennité du silence, au risque de rappeler le *dédain* du renard pour les raisins trop haut placés.

Depuis bientôt trois ans nos arguments sont trop verts.

Veuillez dire à l'*abonné* que le public intelligent de l'Anjou n'a pas dédaigné de comprendre.

Mais je laisse de côté cette petite querelle par où les inspirations malsaines de l'amour-propre pourraient nous éloigner des graves questions d'histoire et de morale politiques qui doivent seules retenir notre attention.

II

La Doctrine.

J'ai montré dans ma dernière lettre que le scepticisme politique, dont vous vous faisiez gloire en 1870, vous avait naturellement conduit au vote de la Constitution républicaine ; et ce qui prouve que le scepticisme est une erreur, c'est qu'il vous entraîne naturellement dans la Révolution. L'orléanisme qui n'est pas autre chose que le scepticisme politique, c'est-à-dire la Révolution sous sa forme parlementaire, doit conduire toute intelligence vouée au culte du fait accompli dans toutes les négations révolutionnaires où s'engloutissent le respect de nos traditions nationales et le culte des principes constitutifs de cette société.

Le centre gauche n'est formé que des orléanistes qui ont franchi le pas qui sépare le centre droit de la République. Nous avons vu les conversions ou plutôt les perversions célèbres des Casimir Périer, des Montalivet, des Thiers, des Dufaure.

Ce qui montre que le scepticisme ne détruit pas la logique, comme l'athéisme n'anéantit pas Dieu en le niant.

Les hommes du fait, les habiles qui se moquent des principes n'arrivent qu'à les avoir contre eux.

Les royalistes fidèles aux lois constitutives de la France, au catholicisme, à la monarchie, à la liberté, puisent leur force contre les événements, contre les faits accomplis, dans les principes qu'ils affirment et pour la défense desquels ils donneraient leur vie. C'est pour cela qu'ils ont toujours combattu les coalitions systématiques qui sacrifiaient les principes nécessaires, sachant parfaitement que les coalitions négatives ne fondent rien et que les royalistes dépouillés des principes qui font leur force, comme ils ont fait la grandeur de la France, seraient réduits à l'impuissance absolue, tout en donnant le criminel exemple de l'abandon de cette vérité politique qui peut seule sauver la France et réconcilier tous les Français.

C'est le secret de notre intransigeance que vous comprenez si peu, Monsieur le vicomte ; intransigeance sur le terrain doctrinal qui laisse toutes grandes ouvertes aux hommes de bonne volonté les portes du droit, de la Monarchie nationale.

Appliquant ces doctrines au passé de la nuance d'opinion que vous représentez à l'*Union de l'Ouest* et qui ne se distingue du centre droit pur, de l'orléanisme pur, que par une préoccupation plus grande des idées religieuses dans la vie publique, je me laisse aller aux considérations historiques qui vont suivre et que je crois fondées en raison.

Loin de moi la pensée de découvrir pour le livrer au feu de nos polémiques le sanctuaire de la vie privée des hommes dont j'attaque les idées et les actes publics : je sais combien de vertus chrétiennes peuvent se cacher sous l'erreur la plus pernicieuse ; je sais qu'il n'appartient qu'à Dieu qui sonde les cœurs de toucher au fil invisible qui rattache l'intention du cœur aux égarements de l'esprit. Mais je n'ignore pas non plus que plus l'erreur est le partage d'un esprit distingué ou d'un cœur qu'abrite une vie pure, plus cette erreur est dangereuse et propre à séduire, par l'exemple, les esprits qui ne raisonnent pas.

Tel est le principe de la sévérité de mes jugements ; mais vous ne me traiteriez pas, Monsieur le vicomte, de *faux monnayeur* en polémique, si vous saviez combien je voudrais tendre la main aux chrétiens que j'attaque avec tant d'ardeur sur le terrain de la morale politique et sociale.

III

M. de Falloux.

Je prends le scepticisme politique sur le fait, quand je considère le groupe politique auquel vous appartenez dans sa personnification la plus éminente, dans Monsieur le comte de Falloux. Que vois-je ici ? Un écrivain, un homme d'Etat, un catholique, rendre nuls par l'erreur de son esprit les deux grands actes de sa vie publique : l'expédition de Rome et la loi de 1850.

Quelle est cette erreur ? C'est de croire que les volontés humaines, que l'habileté humaine peut réaliser le bien en dehors des principes vrais.

Que m'importe l'expédition de Rome, si le Roi n'est pas là pour faire triompher en Europe l'œuvre de Charlemagne ?

Que m'importe une loi de liberté sur l'enseignement, si l'Empire et la République, qu'on a contribué à restaurer, doivent emporter une à une toutes nos libertés, et violer un à un tous les droits des catholiques français ; si les désastres de l'invasion, les horreurs de la Commune, l'hypocrisie libérale des jacobins athées doivent faire table rase de toutes les institutions qui firent la gloire et la puissance de notre patrie ?

Je vous livre ici la clef de mes longues polémiques, depuis près de trente ans, contre le scepticisme politique, contre l'orléanisme impénitent, contre le conservatisme aveugle qui nie la puissance des principes et perpétue, depuis un demi-siècle, dans ce pays accablé d'épreuves, l'esprit et les formes de la Révolution.

M. de Falloux, se disant royaliste, se rallie à la République de 1848.

En voici la preuve écrite dans la lettre adressée, le 25 février 1848, par M. de Falloux à un de ses amis et que j'ai déjà citée :

« Le mouvement actuel a cela d'évident qu'il ne peut blesser aucune conscience. Il ne s'agit pas d'une fidélité à transporter lâchement d'un prince à un autre ; il ne s'agit pas d'une ambition à badigeonner de la couleur du jour ; désormais c'est le gouvernement de tous pour tous qu'il importe de régulariser ; c'est la société dans sa plus large, dans sa plus haute acception, qu'il importe de défendre. Que personne donc de nous ne s'y méprenne, que personne ne s'arrête un instant à des impressions analogues à celles qu'ont pu produire les faits anciens. Tout est nouveau, tout est inouï dans les événements actuels. Notre conduite ne doit plus relever à cette heure que de notre patriotisme, sans aucun ressouvenir de nos vieilles démarcations de parti.

« Le gouvernement provisoire, installé à Paris, est lui-même le meilleur emblême de ce devoir social qui sera, je l'espère, compris par tous nos compatriotes...

« Que les imaginations ne se reportent donc pas avec colère vers l'inévitable rapprochement de nos Révolutions premières ; le meilleur moyen de faire renaître 93 serait de le craindre ou de le prédire ; nous avons encore, je l'espère, toutes les qualités de nos pères, mais nous n'avons plus leur inexpérience et leurs illusions. Comment, tout étant dissemblable dans les causes, rien pourrait-il être semblable dans les effets ?

« Travaillez aussi à faire bien comprendre au clergé des campagnes toute l'importance de son attitude dans le mouvement actuel...

« La religion fleurit dans les républiques américaines, elle a fait, au moyen âge même, la splendeur des républiques italiennes. Le clergé n'a pas consenti, en 1830, à ce que la foi s'exilât avec le pieux représentant de la maison des Bourbons ; ne nous inquiétons pas davantage, par rapport à elle, des formes que se donnera la prochaine représentation nationale, etc... »

Je ne veux pas m'arrêter sur les illusions que montre ici M. de Falloux, ni sur les défaillances de sa perspicacité politique : on ne voit rien ici de l'esprit prophétique de Joseph de Maistre.

M. de Falloux étant, en République, en pleine négation de notre droit national, en pleine erreur du système électif, ne se croit pas en révolution.

Il engage le clergé à se rallier au fait accompli en février 1848.

Il croira sauver la Papauté, l'ordre public, la liberté sous le règne de cette négation des traditions monarchiques de la France.

Son scepticisme politique le portera plus loin.

En 1850, nous retrouvons M. le comte de Falloux ministre du prince Louis-Napoléon qui travaillait ouvertement pour l'Empire en dépit de ses serments à la République.

M. de Falloux se disant royaliste, ministre d'un prince prétendant au trône impérial, croit pouvoir dans l'ordre de la législation, défendre la cause de la papauté temporelle, malgré la lettre à Edgard Ney, et la liberté de l'enseignement sous l'influence d'un fait de révolution.

M. de Falloux ministre, participe, autant qu'il le peut, au coup d'Etat de 1851.

En voici la preuve tirée d'un passage des *Souvenirs du second Empire* de M. Granier de Cassagnac que nous avons déjà reproduit en entier :

« ET L'ON PUT VOIR M. DE FALLOUX, UN HOMME NON MOINS ESTIMÉ POUR SON CARACTÈRE ET AUSSI REMARQUABLE POUR SON TALENT, FAIRE OFFRIR AU PRINCE DE PRENDRE L'INITIATIVE, A LA TRIBUNE, D'UNE DEMANDE DE PROLONGATION DE SES POUVOIRS, FALLUT-IL, LE CAS ÉCHÉANT, S'APPUYER SUR L'ARMÉE.....

« Il est résolu à en prendre l'initiative à la tribune, en le proposant à ses amis, qu'il espère entraîner ; mais il se déclare prêt A SUIVRE LE PRINCE JUSQU'AU BOUT, C'EST-A-DIRE JUSQU'A L'EMPLOI DE LA FORCE, si la montagne résiste et arrive à une lutte matérielle.

« Comme condition de cette offre de concours, *M. de Falloux demande la composition d'un grand ministère*, formé avec tous les hommes éminents de la majorité, *lesquels*, en entrant aux affaires, *prendraient l'engagement de prolonger les pouvoirs du président de la République*..... »

J'ai eu raison de dire un jour dans l'*Etoile* qu'en 1848 et 1851, M. de Falloux pratiquait les maximes d'aujourd'hui, et qu'aujourd'hui il *maxime* ses pratiques de 1848 et de 1851.

L'Empire se fit. M. de Falloux s'éloigna de l'Empire comme Montalembert ; mais une illusion nouvelle entra dans son esprit, illusion que partagea une partie de la droite *modérée*. M. de Falloux adopta le système des coalitions libérales contre l'Empire, comme il avait adopté la coalition conservatrice de la rue de Poitiers, ayant MM. Thiers et Guizot pour chefs contre le socialisme de 1848.

L'union libérale était la pire des illusions : vouloir demander la liberté à l'Empire césarien, espérer que la liberté peut subsister sous ce régime né d'un coup d'Etat, qui ne pouvait sans périr nier son principe, c'était supposer toujours que la liberté n'est pas nécessairement unie au principe d'ordre monarchique, que le progrès peut se passer de la tradition et que la légitimité du peuple peut triompher et fleurir en pleine Révolution.

Je ne condamne pas ici, sachez-le bien, Monsieur le vicomte, l'opposition qui a pu être faite à l'Empire au nom de la liberté proscrite et de la Papauté menacée ; ce que je condamne, c'est le scepticisme politique à l'égard du principe monarchique, du droit national de la Royauté, scepticisme qui portait les partisans de l'union libérale à écarter, pour s'allier avec les républicains de toutes les gauches, la défense du principe monarchique, exposant ainsi l'esprit public à oublier la raison de la Monarchie et à croire que la liberté est possible sous un régime de révolution.

Mais le principe monarchique n'était pas seul écarté de la coalition avec les gauches ; M. de Falloux a traité la question du programme de l'union libérale dans le *Correspondant* du mois de mars 1869; là, il établit textuellement la nécessité pour les coalisés d'écarter de leur programme la question dynastique et la question religieuse. Il me faut citer :

« Ceux qui se préoccupent aujourd'hui des sympathies ou des antipathies au point de vue des partis politiques; ceux qui, pour m'expliquer plus clairement encore, se proscrivent d'avance, à titre de monarchistes ou de républicains, me paraissent tourner le dos à la question et lâcher la proie pour l'ombre... Ce n'est donc point à titre de partis que nous avons à nous unir ou à nous combattre...

« ...La question religieuse elle-même doit-elle faire exception à cette règle? JE NE LE PENSE PAS.

« Cette question a-t-elle impérieusement besoin d'un Corps législatif qui soit prêt à souscrire officiellement un symbole religieux? Non.

« Les questions religieuses aujourd'hui ont besoin de la liberté... »

Plus haut, M. de Falloux avait dit :

« Il ne s'agit plus de prononcer ni entre les dynasties, ni sur les formes du gouvernement... »

Vous le voyez, Monsieur le vicomte, l'union libérale, l'alliance avec les gauches, avec les Gambetta, les Grévy, les J. Simon, les Picard, alliance permanente, n'était possible qu'en écartant du programme *la question religieuse* et *la question dynastique*... tout juste ce qui faisait le fond des revendications royalistes et catholiques.

Les républicains restaient maîtres du terrain, car eux ne se gênaient pas pour prêcher aux masses ce sophisme : que la République est synonyme de la liberté.

Vous voyez aussi combien peu vous êtes fondé à affirmer, comme le fait l'abonné de l'*Union de l'Ouest* dans l'article auquel je réponds, que les orléanistes et les royalistes qui se coalisèrent avec les gauches pour demander l'impossible à la révolution césarienne, *défendaient la cause même de l'Eglise et l'indépendance de son Chef*.

On ne parlait aux masses ni de la question religieuse ni de la question monarchique.

Alors, vous avez oublié, et vos amis, et M. de Falloux avaient oublié les belles maximes que ce dernier avait fait entendre à la tribune à l'époque de la discussion sur la révision partielle ou totale de la Constitution, en 1851 ; M. de Falloux disait alors : « On ne fait de l'autorité, et de l'ordre qu'avec les conditions véritables de l'ordre et de l'autorité, avec les mœurs, avec les institutions, avec les principes. »

M. de Falloux et tous vos amis avaient oublié que la liberté a pour condition le principe d'ordre monarchique, les principes traditionnels de notre droit public. Et vous deviez tous aboutir aux plus lamentables déceptions.

Les royalistes furent généreux jusqu'à la duperie : L'honorable M. de Larcy savait à quoi s'en tenir, lui qui céda sa place à M. Ernest Picard, lequel refusa ensuite de tenir ses promesses, si j'ai bonne mémoire.

Mais, Monsieur le vicomte, ce dont je me souviens parfaitement, c'est que je dus, à Montpellier, où je dirigeais l'*Union nationale*, briser ma plume et sacrifier ma position pour n'avoir pas à défendre la coalition immorale qui livrait la France catholique et monarchique aux républicains libres-penseurs qui devaient triompher au 4 septembre.

Le libéralisme coalisé triompha avec le ministère Ollivier et la guerre de 1870 remplaça la liberté attendue et promise.

Qui donc avait lâché la proie pour l'ombre? Est-ce les royalistes fidèles au programme du Roi ou les alliés des républicains?

La négation de nos principes produisit logiquement les catastrophes : l'invasion et la Commune.

IV

L'intrigue

Il me faudrait refaire l'histoire des trente dernières années, Monsieur le vicomte, si je voulais prendre sur le fait, dans toutes les circonstances décisives, l'erreur doctrinale que je combats, je veux parler de ce scepticisme politique dont l'*Union de l'Ouest* est l'organe, dont vous êtes avec M. de Falloux, dans notre royaliste Anjou, les représentants autorisés. Il me faudrait rappeler l'ardeur de vos amis du centre droit et, hélas ! de la droite *modérée*, à faire bénéficier M. Thiers des voix royalistes dans les élections de 1871. Je voudrais rappeler les illusions et les enthousiasmes de Bordeaux; l'orléanisme entourant M. Thiers et le suivant dans toutes les transformations de l'essai loyal d'une République effrontément intronisée sous l'œil de l'invasion prussienne. Je voudrais montrer cet oubli criminel du mandat moral que la France monarchique avait confié à la majorité de l'Assemblée nationale. Tous les partis sont d'accord pour condamner cette abstention coupable en une heure où, maîtresse de nos destinées, cette majorité, trompée par le centre droit, menée en laisse par l'homme qui fut, pendant un demi-siècle, l'incarnation de la révolution bourgeoise, s'obstina, malgré les supplications incessantes de la presse royaliste, à ne pas rappeler la Monarchie, à vouloir *organiser la France avant de la reconstituer*, selon le programme absurde de l'homme funeste qui devait fouler aux pieds ses promesses et ses serments, et que vos amis et vous tous ne cessiez d'appeler l'*illustre homme d'Etat*.

J'aurais encore à rappeler, comme conséquence de ce scepticisme politique, la grande intrigue parlementaire qui éclata, en prenant pour prétexte la question du drapeau, dans les derniers mois de 1873, et qui voulait, comme l'a déclaré depuis, un écrivain orléauiste, M. L. Teste, « *ramener le Roi à Paris pieds et poings liés.* » J'aurais à montrer le vote du 20 novembre, à l'aide des documents que j'ai sous la main, comme un acte prémédité, voulu par le centre droit pour entraîner la droite dans un courant de lois républicaines qui, écartant la restauration du Roi, serviraient de pont pour passer du maréchal de Mac-Mahon au stathoudérat du duc d'Aumale.

Mais j'ai hâte, Monsieur le vicomte, de préciser les redoutables responsabilités qui incombent à votre groupe politique comme à tous les membres du centre droit dans les événements contemporains, depuis le vote des lois qui ont constitué la République et qui nous ont livré au radicalisme jacobin et athée, dont la France catholique et monarchique est maintenant la proie.

V

Le vote de la République.

L'abonné de l'*Union de l'Ouest* voudrait distinguer dans les douloureux événements législatifs de janvier et février 1875, le vote des lois constitutionnelles du vote de la République... Il le dit en propres termes. On ne le croirait pas si je ne l'avais cité et si je ne reproduisais ici ses invraisemblables démentis :

« Quant à cette affirmation de l'*Étoile* que les politiques du centre droit *ont voté la République avec les républicains de toutes les gauches* elle est aussi fausse, aussi sciemment fausse et mensongère que les autres. Le centre droit s'est divisé sur la question des lois constitutionnelles ; mais sur la question de la République, il a été unanime, à une ou deux voix près, unanime pour voter contre. »

Cette distinction n'existe pas : La République a été votée, acceptée par les politiques du centre droit qui, alliés à tous les gauches, ont voté les lois constitutionnelles organisant la République.

Voilà ce que dit l'histoire.

La constitution républicaine est sortie de l'alliance permanente, en dépit de certaines fluctuations, du centre droit et des gauches.

Des votes successifs ont eu lieu pendant un peu plus d'un mois sur la loi sénatoriale et la loi des pouvoirs publics, engageant de plus en plus la France dans les voies républicaines qui devaient aboutir au vote final de l'*ensemble* par le centre droit et par vous-même, Monsieur le vicomte.

Le jeudi, 21 janvier, triste anniversaire, s'ouvre la première délibération sur la loi relative à l'organisation des pouvoirs publics.

Je vois, parlant pour le projet de la commission, MM. de Ventavon et Mercier de Lacombe, centre droit ; contre, M. Carayon-Latour, légitimiste.

Le 22 janvier, je vois défendre la loi par MM. de Meaux et Jules Favre ; je la vois attaquée par Lucien Brun et du Temple... centre droit et républicain d'un côté, légitimistes de l'autre...

L'Assemblée vote la seconde lecture ....

Le 25 janvier, première délibération sur l'organisation des pouvoirs publics; après les discours de MM. Antonin Lefèvre-Pontalis et Jules Simon, on vote la seconde lecture.

Le 28 janvier, seconde délibération sur l'organisation des pouvoirs publics. M. Raudot, de la droite, propose d'en finir et d'effacer ces lois de l'ordre du jour.

L'Assemblée passe outre et discute les lois.

L'amendement Laboulaye, proposant subrepticement l'intronisation de la République, est repoussé : le centre droit ne voulant pas sans doute *se livrer pieds et poings liés* à la gauche en lui accordant tout du premier coup ; il fallait traiter, faire un *pacte*, avancer peu à peu et lier la gauche à sa promesse.

Cependant, le 30 janvier, l'amendement Wallon, équivalent de l'amendement Laboulaye, est adopté par 353 voix contre 352.

La République est bien votée déjà à une voix de majorité.

C'est sans doute de cet amendement Wallon que parle votre abonné, quand il dit que sur le vote de la République le centre droit sauf une ou deux voix, s'est prononcé contre à l'unanimité.

L'amendement Wallon, contre lequel vous avez voté, a passé à une voix de majorité. Sans le concours du centre droit, il eût été repoussé comme l'amendement Laboulaye; c'est l'ami intime des princes d'Orléans, M. d'Haussonville, et quelques autres membres du centre droit *qui lui ont fait une majorité*. Les politiques du centre droit ont donc ici et déjà *voté la République*. Dans tous les sens, ma proposition est inattaquable.

Eh ! que m'importe que vous repoussiez tel ou tel article, si vous adoptez DANS LEUR ENSEMBLE, en troisième lecture, les lois qui constituent la République ! Et c'est là qu'il faut en venir, malgré les fugues de l'*abonné* de *Union de l'Ouest*.

Les votes continuent avec des péripéties sur l'organisation du Sénat. Cette loi faillit sombrer.

Des amendements qui tendaient à faire élire le Sénat par un mode analogue à celui pour la Chambre basse ayant été adoptés, la Chambre effrayée par les menaces du pouvoir exécutif, du Maréchal qui ne voulait pas d'un pareil Sénat, revient sur ses pas et refuse de voter la troisième délibération. Mais M. Buffet, président de la Chambre, fait *habilement* réapparaître des propositions nouvelles, et la discussion sur la loi sénatoriale reprend, grâce à l'alliance du centre droit et des gauches.

Je retrouve nos amis, les royalistes, sur la brèche pour attaquer, dans de magnifiques discours, les lois républicaines ; droite modérée et extrême droite sont dans un admirable accord.

Toutes les améliorations, tous les amendements qui rentreraient dans les idées de la droite sont repoussés.

A propos de l'amendement Delpit, qui faisait élire le Sénat sur une liste de candidats présentés par le président, M. Raoul Duval rappelle éloquemment aux orléanistes la déclaration du comte de Paris, le 4 août 1873...

Vainement, 435 voix contre 234 adoptent la loi sénatoriale.

Qui a formé cette majorité ?

Ce même jour, le 24 février, on passe à la troisième délibération de la loi républicaine sur l'organisation des pouvoirs publics.

C'est alors que Larochejacquelein prononce son admirable discours pour briser l'alliance du centre droit avec la gauche.

Permettez-moi, Monsieur le vicomte, de vous rappeler ces belles paroles ; écoutez Larochejacquelein :

« La vérité, c'est que ceux qui prétendaient imposer au roi leurs conditions voulaient sauvegarder, non pas ce qu'on appelle dans la langue politique les principes et les conquêtes de la révolution, mais l'esprit et les traditions révolutionnaires. La preuve en est que, s'ils ont refusé d'abandonner aucune de leurs idées pour sauver le pays par la Monarchie, ils ont tout sacrifié pour le perdre par la République. (Applaudissements à droite.)

« Nous avouons n'avoir pas cette faculté d'assimilation qui rend apte à se prêter aux régimes les plus divers, à la seule condition de s'en approprier le bénéfice. (Très bien, très bien à droite.) »

M. de Larochejacquelein achevait en rappelant les paroles prononcées deux ans auparavant par M. de Broglie, qui allait voter la République. Voici ces paroles de M. de Broglie qui retombent pour les accabler sur les transfuges du 25 février :

« Périr pour sa cause, en tenant son drapeau dans la main, et au pied d'un rempart qu'on défend, c'est une mort glorieuse dont un parti se relève et qui grandit la mémoire des hommes publics.

« Périr au contraire, après avoir préparé, avant de le subir, le triomphe de ses adversaires ; périr en ayant ouvert les portes de la citadelle... (très bien, très bien à droite) ; périr, en joignant au malheur d'être victimes le ridicule d'être dupes et le regret d'être involontairement complices, c'est une humiliation qui emporte la renommée en même temps que la vie des hommes d'Etat. (Très bien, très bien, et applaudissements à droite).

M. de Lorgeril, le 24 février, M. d'Aboville et M. de La Rochette le 25 février, firent aussi entendre leurs éloquentes, leurs prophétiques et patriotiques protestations, leurs douloureuses supplications.

Le premier rappelait 1793 et toutes les horreurs qui nous menacent encore à cette heure, et il ajoutait :

« Que d'autres qui dépensent volontiers toute leur énergie à accomplir quelque acte de défaillance se croient surs d'être plus forts et plus habiles que les Girondins. Qu'ils s'imaginent être capables de séduire, par des concessions et des caresses, l'Internationale et le radicalisme, au profit d'ambitions inavouées, mais multiformes. Je les laisse accepter avec un cœur léger la responsabilité d'un acte qui conduira nécessairement à l'une des solutions que je viens d'indiquer.

« Qu'ils votent donc pour ce mot de République.

« Quant à moi, j'ai trop de souci de l'honneur et de la dignité de mon pays pour les imiter. Je ne veux chercher le salut de la France que là où il s'est trouvé toujours, où nous espérons bien le trouver encore, après vos dangereuses tentatives : dans la Monarchie traditionnelle, intimement unie à notre sol, à nos grandeurs, à nos tristesses, à nos monuments, à nos mœurs et à notre nationalité. »

M. d'Aboville rappelait l'admirable programme du Roi que le centre droit avait déclaré *impossible :*

« Quelles étaient ces bases ? « La puissance législative exercée par le Roi et « deux Chambres votant l'impôt et contrôlant les actes du gouvernement, le

« suffrage universel, la décentralisation administrative, les franchises locales, « la liberté individuelle, la liberté civile et religieuse, en un mot, toutes les « garanties qui forment notre droit public actuel. »

« Voilà sur quelles bases libérales vous pouviez rétablir en France ce régime qu'elle avait déjà éprouvé dans notre siècle par trente-trois ans de prospérité. J'ai voulu une dernière fois les proclamer à cette tribune, afin que la nation elle-même juge si elles sont, comme on l'a dit, incompatibles avec ses aspirations, et que, dans les jours d'angoisses que vous lui préparez, elle sache à quel port aborder après de nouveaux orages. »

M. de La Rochette s'écriait en devançant le jugement de l'histoire :

« *M. de La Rochette.* — Au moment où vous allez, par la plus étrange des coalitions, essayer de fonder encore une fois la République, il est de mon devoir de venir à cette tribune, au nom de mes amis et au mien, vous faire la déclaration suivante. (Ecoutez, écoutez, silence.)

« Nous sommes profondément convaincus que vous perdez notre pays en ne plaçant pas le Roi à la tête de vos institutions politiques, et que, sans le Roi, vous ne ferez que des œuvres vaines et dangereuses. (Mouvement.)

« Quand vous aurez donné à la République les organes que vous considérez comme essentiels, nous sommes également convaincus que nous assisterons à des luttes terribles entre les républicains radicaux et les républicains qui se croient conservateurs.

« C'est pourquoi nous ne cessons pas de vous dire que la monarchie est la vie, l'honneur et la fortune de la France, et puisque vous persistez dans vos résolutions républicaines, vous en aurez devant Dieu et devant l'histoire toute la responsabilité, car vous aurez eu entre vos mains les destinées de notre pays, et, malgré nous, vous l'aurez laissé périr.

« Je le répète, dès aujourd'hui, nous vous en laissons toute la responsabilité. (Vives marques d'approbation et applaudissements à droite. — L'orateur, en regagnant sa place, reçoit les félicitations de ses amis.) »

M. de Belcastel, enfin, mérita les applaudissements de la France entière, sans distinction d'opinions, par un magnifique discours dont voici la péroraison magistrale :

« Eh bien, je vous adjure une dernière fois, au nom de l'histoire, au nom du patriotisme, au nom des souvenirs de toute votre vie, au nom des convictions que vous avez encore, arrêtez-vous ! Ne donnez pas la sanction définitive à un régime tant de fois désastreux pour la France et qui, en proscrivant la monarchie, ferme la porte, non pas à l'ordre public, — je ne veux pas douter de lui sous quelque régime que ce soit, — mais à la grandeur, à la puissance et à l'essor de la prospérité française. (Très bien ! à droite.)

« Ne consommez pas, je vous en conjure, un acte que j'appellerai, sans vouloir blesser personne, mais dans la sincérité de ma conscience et dans la pleine indépendance de mon mandat — que j'appellerai, dis-je, une infidélité à la sainte mission que, dans un jour d'inoubliable épreuve, vous avez reçue de la Providence et de la patrie. » (Nouvelles approbations et applaudissements à l'extrême droite et à droite.)

C'en est fait, M. de Franclieu a signalé le silence des politiques du centre droit qui ont abandonné la cause de la royauté..., qui vont voter l'ensemble des lois républicaines auxquelles le Roi devra la prolongation de son exil, par lesquelles se fortifiera l'intrigue inavouable des hommes d'usurpation, dont vous passez votre vie, Monsieur le vicomte, à faire la touchante apologie... C'en est fait, le vote de l'ensemble des lois constitutionnelles a lieu, à la date du 25 février 1875.

J'ai marqué, dans ma première lettre, les noms des chefs du centre droit ; l'*Officiel* contient les noms des autres qui, à côté du vôtre, se sont unis à toutes les gauches républicaines pour lancer la France dans les aventures que nous traversons.

La Rochette a dit le mot : NOUS VOUS EN LAISSONS TOUTE LA RESPONSABILITÉ !

Et maintenant voici mes preuves qui vont achever de réduire à néant les négations et les démentis étonnants de votre abonné.

VI

Les Preuves.

Je vais citer un journal, la nouvelle *Gazette de France* de M. Janicot, qui n'est pas votre ennemie, qui a été votre alliée dans l'Union libérale, dans l'Union conservatrice, au sujet de la fameuse note anonyme de 1871 sur le manifeste du Roi, dans la grosse affaire des élections sénatoriales de décembre 1875 ; je vais citer la *Gazette de France* dont vous ne récuserez pas l'autorité.

A propos du vote du 30 janvier sur le fameux amendement Wallon, la *Gazette de France* du 1er février 1875 disait que les vaincus républicains du 20 novembre et du 24 mai sont *servis par les désertions de certains membres de l'ancienne Assemblée royaliste.*

A propos du projet Pascal Duprat, la *Gazette* du 13 février s'écriait :

« Ce qui peut étonner, c'est que les jeunes libéraux qui se sont ralliés à la République aient voté contre le projet Pascal Duprat. Ils auraient dû bravement suivre l'exemple de M. Casimir Périer.

« M. Luro ne disait-il pas le 1er février :

« Quels que *soient les regrets que nous puissions éprouver*, il faut *courageu-*
« *sement prendre son parti*. Il faut se contenter, *faute de mieux, de faire la*
« *seule chose qui puisse se faire, c'est-à-dire la République.* »

« Comment croire que celui qui a fait une pareille déclaration au nom de ses amis du centre droit, ne finisse pas par « en prendre son parti ? »

« M. Luro a dit que son groupe acceptait la République « *sans arrière-pensée* ; » c'est son vote qui va prouver sa sincérité. Au moment décisif, c'est-à-dire quand il s'agira d'accepter ou de repousser l'ensemble de la loi, le groupe Luro pensera sans doute que, s'il rejette le Sénat, il renverse du même coup la République Wallon, et il se dira : qui veut la fin doit vouloir les moyens. »

Après le vote du 12 février, qui faillit compromettre le sort de la loi sénatoriale, vote dû à une brouille accidentelle entre les alliés, à l'occasion du projet Pascal Duprat, la *Gazette* reproduit ces aveux du *Journal de Paris*, organe des orléanistes purs :

« Cette campagne s'est terminée par une série d'échecs pour les gauches, tandis qu'elle aurait pu aboutir à une organisation républicaine, dans le sens de l'amendement Wallon, si l'opposition n'avait pas voulu abuser de ses premiers avantages et imposer au centre droit une organisation du Sénat complètement inacceptable pour les conservateurs. »

Mais ces fluctuations vont cesser ; on va se réconcilier avec le centre gauche et les gauches. Les pourparlers reprennent sur d'autres bases ;

l'*Agence Havas* apprend, le 16 février, que « les négociations sont engagées entre le centre droit, le groupe Lavergne-Wallon et le centre gauche relativement à l'organisation du Sénat. » On a proposé un projet conciliant toutes les prétentions. Le maréchal a protesté dans un message, contre le projet Pascal Duprat, mais il veut sa constitution Wallon.

La *Gazette* du 19 nous apprend que la réunion Lavergne, le centre droit et le centre gauche ont désigné des délégués qui doivent se réunir chez M. Casimir Périer afin de s'entendre sur un projet de Sénat arrêté par le groupe Lavergne.

La *Gazette* donne ensuite le compte-rendu de la réunion du centre droit qui, après examen du projet rédigé par M. Wallon, adopte en principe le projet.

Ecoutez, Monsieur le vicomte, cette parole véridique de la *Gazette* du 20 février :

« Pour les députés du centre droit qui ont concouru à cette belle œuvre constitutionnelle, il y a une considération qui domine tout : C'EST QU'AYANT VOTÉ LA RÉPUBLIQUE, ils ne veulent pas s'être compromis en vain. Il faut qu'elle passe COUTE QUE COUTE. Quel que soit le résultat, ils le préfèrent à la situation qu'ils auraient, si après avoir voté la loi Wallon, ils devaient se trouver obligés de frayer de nouveau avec la droite. »

Le 21 février, la *Gazette* dit :

« Pour ces messieurs du centre droit, qui abandonnent les rangs des monarchistes pour ceux des républicains, la question est très simple : elle consiste uniquement dans ce fait, être la majorité.

« Ils disent à la droite ; « Avez-vous la majorité ? — Non. — Eh bien, comme nous voulons être toujours dans la majorité, trouvez bon que nous vous plantions là, vous, vos principes monarchiques et vos espérances. »

Le 22, la *Gazette de France* se plaint de ce qu'on cherche à étrangler la discussion, de ce qu'on veut voter la mort sans phrase ; elle dit :

« La droite est convaincue que l'organisation Wallon est la ruine du parti conservateur et de la cause monarchique. Elle croit que le centre droit livre la chose publique à des hasards qui ne peuvent profiter qu'aux partis révolutionnaires, au bonapartisme ou au radicalisme.

« Elle le pense absolument. Dans cette situation, comment pourrait-elle ne pas protester contre ce qu'elle considère comme une erreur aussi fatale ?

« Si le centre droit espère trouver dans son alliance avec les gauches, des garanties pour sa cause, qu'il poursuive sa route, mais cesse d'inviter à se joindre à lui les monarchistes, qui sont aussi convaincus aujourd'hui qu'ils l'étaient hier, quand M. Thiers voulait les entraîner dans une organisation républicaine, que toute constitution de République en France ne peut produire que ruine et anarchie. »

Le 23 février, la *Gazette* s'écrie :

« Nous disions hier que ce qu'il y a peut-être de plus extraordinaire dans les événements extraordinaires qui s'accomplissent, c'est la résolution prise par le centre droit, le centre gauche et l'extrême gauche, UNIS POUR NOUS DONNER LA RÉPUBLIQUE, de voter cette République sans discussion, sans débat. »

La 24, à propos du vote de l'article Ier sur l'amendement Wallon, la *Gazette* s'écrie :

« L'on savait que l'entente *entre les gauches et le centre droit libéral* — c'est par cet euphémisme qu'on désigne les membres du centre droit alliés aux radicaux — ÉTAIT COMPLÈTE. L'on ne pouvait donc s'attendre à un autre résultat que celui qui a couronné la séance d'hier où 88 MEMBRES de ce centre droit, ayant voté avec les gauches, ont fait triompher la République. »

Et la *Gazette de France* donne les noms de ces 88 ou 90 membres du centre droit, parmi lesquels, Monsieur le vicomte, je trouve celui de M. ARTHUR DE CUMONT, à côté de celui de M. LE PRINCE DE JOINVILLE... ce qui est *flatteur* pour vous et pour la République.

Le 25, la *Gazette* cite un article assez long du *Journal de Paris*, qui justifie notre thèse et toutes les citations de la *Gazette de France*. Le *Journal de Paris* explique, à sa façon, la raison des palinodies du centre droit. La *Gazette* y ajoute une réponse qui résume tout le débat.

Plus loin, la *Gazette* termine ainsi un entrefilet sur le 24 février :

« Aujourd'hui, triste ironie ! C'est d'accord avec ce même Jules Favre, que M. Bocher fait la République, que vote le prince de Joinville, un prince du sang. »

Ce vote de la République qui eut lieu le 25 février par le centre droit, uni aux gauches républicaines. L'ensemble de la loi sur l'organisation des pouvoirs publics consomma l'œuvre néfaste.

Ce jour-là, le prince de Joinville s'abstint de voter contre la République !

Vous le voyez, je n'oppose pas aux démentis IMPERTINENTS de l'*abonné* des phrases de l'*Union* de Paris ou de l'*Etoile* d'Angers ; c'est la *Gazette de France* qui parle et qui vous juge, avec le *Journal officiel* que tout le monde peut lire (1).

VII

Le Pacte.

J'ai parlé de *pacte*, Monsieur le vicomte : Eh bien ! voici le pacte :

Vers le milieu d'avril 1875, la *Fraternité* de Carcassonne publiait les révélations suivantes de M. Marcou, député républicain de l'Aude :

« Le cabinet est en très grande majorité orléaniste. Il est vrai que les orléanistes du centre droit ont fourni l'appoint des voix nécessaires pour l'adoption de la Constitution. Nous savons ce que ces voix nous ont coûté. Les gauches ont cru devoir subir les exigences des monarchistes constitutionnels pour obtenir la légalité du mot de République. Mais il était entendu que ce mot une fois gravé sur la table des lois constitutionnelles, la chose nous serait accordée. Par suite d'une convention délibérée dans les pourparlers, dans les conférences secrètes entre le groupe Lavergne, le groupe de Broglie, d'une part, et les chefs des trois gauches, je me rappelle « qu'en échange des sacrifices qu'on leur « demandait, » il était *stipulé* que les six *concessions* suivantes seraient faites par le centre droit orléaniste :

---

(1) Voir la note C, à la fin du volume.

« 1° Ministère centre gauche ;
« 2° Expulsion des préfets, des sous-préfets et des généraux qui avaient « montré trop de zèle pour refouler l'opinion républicaine ;
« 3° Indépendance absolue de chaque ministre dans sa sphère, afin qu'il pût « opérer facilement l'épuration du personnel de son administration ;
« 4° Retour aux Conseils municipaux du droit de nommer les maires ;
« 5° Levée de l'état de siège dans tous les départements, excepté à Paris, « Lyon et Marseille ;
« 6° Abandon du projet de loi contre les libertés de la presse.
« Voilà le « contrat » qui avait été formé entre les gauches et la partie du centre droit qui apportait son contingent de suffrages. « Sans ces promesses, jamais les républicains de l'Assemblée n'auraient consenti à voter le droit de dissolution, de révision totale et le Sénat municipal, » trois additions au pacte républicain dont nous ne retrouvons les analogues dans aucune Constitution républicaine. »

Que penser, après ces désolantes et écrasantes preuves, de l'audace de votre *abonné*, qui n'a pas craint de vous lier vous-même, directeur de l'*Union de l'Ouest*, à ses démentis insensés ; mettez la main sur votre conscience, et dites s'il est faux que les politiques du centre droit se soient alliés aux gauches et aient voté la République avec les gauches.

VIII

Conclusion.

Je finis, Monsieur le vicomte, cette lettre bien longue, mais dont la longueur est surtout due aux preuves et aux documents que je cite et que l'*Union de l'Ouest*, selon son habitude, laissera ignorer à ses lecteurs.

Aujourd'hui même on m'a montré, dans l'*Union de l'Ouest* d'hier soir, un article que l'honnêteté publique qualifiera.

Je ne m'abaisserai pas à relever ces nouvelles injures, ces nouvelles perfidies.

Je ne citerai qu'un trait : votre abonné prétend, sans rien citer de ma première lettre, que je ne fais que passer rapidement sur le vote de la République.

... Or, dans ma lettre de samedi dernier, je disais formellement que je traiterais cette question dans ma prochaine lettre.

Tout le reste est à l'avenant, une répétition du premier factum de l'*abonné*.

C'est fini, l'*Union de l'Ouest* est jugée.

Ce n'est pas l'intrigue aumalienne qui la relèvera dans l'Anjou.

Recevez, Monsieur le vicomte, avec mes compliments pour la façon dont l'*Union de l'Ouest* cultive l'anonyme, l'expresion des sentiments que la charité chrétienne me prescrit de ressentir pour vous et vos amis.

G. VÉRAN.

LIVRE IV

FICTIONS ET RÉALITÉS

CHAPITRE PREMIER

LA MONARCHIE REPRÉSENTATIVE ET LE GOUVERNEMENT PARLEMENTAIRE.

Nous voudrions résoudre la question de la responsabilité ministérielle; il nous faut, pour cela, connaître ce qui distingue la monarchie représentative du gouvernement parlementaire, car les rapports de la représentation nationale avec le Pouvoir diffèrent essentiellement selon que le pouvoir est subordonné ou indépendant, selon qu'il s'agit d'une oligarchie ou d'une monarchie.

I

Le gouvernement parlementaire a été importé d'Angleterre par les doctrinaires constituants de 1814 et de 1830. C'est un régime de révolution. Ce système est faux, car il divise le pouvoir qui est indivisible de sa nature. S'il dure en Angleterre, c'est que, dans ce pays, les mœurs sont en lutte avec la logique, et que les partis, d'accord sur les conditions du pouvoir, ont préféré jusqu'ici la réforme à la Révolution. Le parlementarisme est, chez ce peuple, le gouvernement de la race conquérante, de l'aristocratie normande sur les saxons conquis. Les chefs de la noblesse conquérante, devenus les lords de la Chambre-haute héréditaire et les soldats conquérants, devenus les grands industriels de la Chambre élective, ont créé une royauté qui est la vassalle du parlement. Ce système ne réalise en fait que la liberté des privilégiés, au dépens de la dignité, de la liberté morale et de l'égalité pour le reste du peuple soumis au travail producteur et aux charges publiques. La constitution anglaise ne résistera pas aux modifications que produira dans les mœurs et dans les lois la réforme électorale. La logique des principes violés en amènera tôt ou tard la transformation.

Importé en France où les partis issus de la Révolution sont divisés sur la forme du gouvernement, le système parlementaire se montre à nous avec des inconvénients et des dangers beaucoup plus graves. Il ne repose sur aucune tradition nationale. Pour trouver dans notre histoire quelque chose d'analogue à ce régime, il faut remonter aux usurpations des anciens Parlements transformant, au mépris des droits de la Royauté et du droit représentatif de la nation, leurs attributions purement judiciaires en un pouvoir politique indépendant. Le système parlementaire est la négation de notre constitution naturelle; il est la violation flagrante des principes de liberté et d'égalité politique, conséquences forcées du principe chrétien; il crée, par la subordination du pouvoir, une fiction d'autorité et, par le cens électoral, une fiction de liberté, livrant ainsi au détriment de l'ordre moral et matériel, la revendication des droits du peuple à la logique démocratique, revendication qui s'incarne toujours dans un fait de révolte anti-sociale.

La division du pouvoir, en trois pouvoirs rivaux, est contraire à la nature des choses, et tout ce que l'autorité perd en force, en unité, en dignité, tombe au profit de la Révolution.

On comprend que dans ce système de fictions, le chef du pouvoir, Roi ou président de République, tirant tous ses droits d'une Charte écrite, œuvre d'un Parlement constituant, soit tenu de régner sans gouverner, de prendre ses ministres dans la majorité souveraine et de les renvoyer toutes les fois qu'il plaît à cette majorité de les renverser. La responsabilité collective n'existe là que pour tenir l'autorité, le pouvoir exécutif en tutelle, en vasselage. Il n'y a pas de responsabilité effective parce qu'elle est partagée, parce qu'elle est collective, parce qu'elle n'est qu'un rouage artificiel de la machine à trois pouvoirs dirigée par une majorité factice, de rencontre, sans rapport avec la majorité de la nation privée de ses droits politiques par le privilège électoral. Cette responsabilité collective des ministres n'est établie que pour le seul avantage des ambitieux qui aspirent à les remplacer; véritable féodalité bourgeoise qui voudrait reprendre pour son compte et perpétuer à l'égard de la royauté et de la nation, l'usurpation des maires du Palais.

En apparence la loi se fait par l'accord de ce qu'on appelle les trois pouvoirs, mais en réalité c'est la Chambre élective qui *gouverne*, car, sans responsabilité aucune, elle est maîtresse du gouvernement par son action incessante, journalière, sur la politique des ministères qui, au gré des fluctuations des courants parlementaires, se succèdent perpétuellement, au grand préjudice des véritables intérêts du pays; la Chambre est encore maîtresse du gouvernement par le vote de l'impôt et des lois, vote souverain que ne motive et ne justifie aucun mandat de l'universalité des citoyens; par l'abaissement du pouvoir royal obligé de signer et de promulguer toutes les lois révolutionnaires qu'il plaît à l'omnipotence parlementaire de lui imposer. La Chambre est encore maîtresse du gouvernement en ce que la Chambre haute tend naturellement à perdre tout caractère de pouvoir pondérateur et à devenir, dans nos sociétés modernes, une pure superfétation ou une simple Chambre d'enregistrement. Tout ceci est conforme à la raison; c'est, de plus, absolument démontré par l'expérience des soixante dernières années.

Le parlementarisme maintient la division de l'esprit public, et l'existence des partis qui affaiblit la nation est pour ce régime une nécessité; c'est la raison d'être d'une oligarchie sans entrailles, sans patriotisme, sans tradition et sans principes, qui par la permanence de l'instabilité ministérielle et gouvernementale met un obstacle au progrès des institutions, détruit l'unité de vue indispensable à la politique générale, à l'indépendance du pays et ne sert jamais, en définitive, que l'esprit de faction et d'usurpation.

Avec le vote universel organisé par la révolution et sous l'influence de la forme républicaine, les désastreuses conséquences du régime parlementaire se déroulent avec une plus grande rapidité. La souveraineté du peuple attire invinciblement à elle la réalité du pouvoir et la logique radicale dominant le Parlement, marche droit à la destruction des fictions légales, à la domination d'une Convention, pour s'évanouir dans l'anarchie pure. C'est le spectacle auquel nous allons assister.

C'est donc avec une grande autorité et avec une suprême rectitude de jugement que Monsieur le comte de Chambord a pu dire, dans son Manifeste du 2 juillet 1874 :

« Je veux trouver dans les représentants de la nation des auxiliaires « vigilants, pour l'examen des questions soumises à leur contrôle ; mais « je ne veux pas de ces luttes stériles de Parlement, d'où le souverain « sort, trop souvent, impuissant et affaibli ; et si je repousse la formule « d'importation étrangère, que répudient toutes nos traditions nationales, « avec son Roi qui règne et qui ne gouverne pas, là encore je me sens « en communauté parfaite avec les désirs de l'immense majorité, qui ne « comprend rien à ces fictions, qui est fatiguée de ces mensonges. »

L'avenir de la France, après la douloureuse expérience qu'elle subit, est dans le retour à sa Monarchie traditionnelle et représentative, telle qu'elle nous apparaît dans l'étude des conditions rationnelles de l'ordre et de la liberté.

II

Il est bien établi par la philosophie catholique que ce n'est pas en lui-même mais en Dieu, que l'homme voit les vérités sociales, religieuses et politiques dont l'application ou la négation font le bonheur ou le malheur des peuples. C'est ce qui rend forts les hommes de principes et si faibles les hommes d'expédients. Les principes sont les leviers de la volonté humaine : avec eux, rois et peuples peuvent tout pour la liberté, pour l'ordre, pour la civilisation ; sans eux, ils ne peuvent rien. De là vient que, en politique, l'invention est la marque de l'ignorance et de l'orgueil, et que lorsque les partis de révolution veulent constituer à nouveau un peuple qui, comme la France, compte quatorze siècles de monarchie et de christianisme, au lieu de déclarer et d'appliquer les lois fondamentales qui règlent la transmission du pouvoir et l'exercice de la liberté, ils ne font qu'imposer à l'intelligence de ce peuple des négations dont les fruits de mort s'appellent tour à tour le despotisme et l'anarchie.

Nous croyons inutile d'affirmer, après cela, que dans l'étude qui va suivre, comme dans l'exposé quotidien de nos doctrines, nous n'inventons rien : la tradition et la raison sont nos seuls guides. L'histoire de notre droit public consultée sans passion, sans esprit de parti, et les prescriptions souveraines de la morale évangélique qui comprend l'idée de légitimité universelle, nous ont suffi pour restaurer dans notre esprit et dans l'esprit de nos lecteurs cet admirable édifice de la monarchie représentative, où l'Europe chrétienne, après les convulsions qui préparent l'enfantement du monde nouveau, abritera ses destinées.

III

Nous avons souvent établi que, dans le mouvement réformiste de 1789, la France n'a fait que revendiquer, rappeler, déclarer solennellement les principes de sa constitution naturelle. En dépit des innovations prêchées par les philosophes encyclopédistes, la France n'innova rien, ne constitua rien : elle avait une constitution, œuvre de Dieu, œuvre des siècles, œuvre de la sagesse de nos pères.

Rappelons les traits principaux de cette constitution d'après les traditions de notre droit public si peu connu des partis qui veulent, aujourd'hui, constituer la France à leur gré.

« Chez les Francs, dit Tacite, la Royauté est à l'hérédité et la noblesse est au mérite.

« Les affaires peu importantes sont réglées par les chefs, les autres par la nation. »

Voici, d'autre part, un principe aussi ancien que la monarchie :

« Nul impôt ne peut être levé sans le consentement du peuple ou de ses représentants. »

M. A. Thierry rappelle qu'aux États-Généraux de 1484, un député s'écria :

« Comme l'histoire le raconte, et comme je l'ai appris de mes pères, les rois sortent de la nation. »

En effet, si les rois sont héréditaires, les dynasties, en France, ont toujours été élues.

M. A. Thierry dit encore :

« Aux mêmes souvenirs, transmis de la même manière, se rattachent encore le principe fondamental de l'obligation pour le roi de ne rien décider d'important sans l'avis de ses barons, sans le concours d'une assemblée délibérante, et cet autre principe que « *l'homme n'est justiciable que de ses pairs*, et ne peut « être taxé que de son propre consentement, par action libre et non par « contrainte. »

Philippe de Commine dit à son tour :

« Y a-t-il un roi ni seigneur sur terre qui ait pouvoir, outre son domaine, de mettre un denier sur ses sujets, sans octroy et consentement de ceux qui le doivent payer, sinon pour tyrannie ou contrainte. »

Dans une lettre à Henri IV, Sully s'exprimait ainsi :

« Ces levées des deniers pour produire bien et jamais mal, ne se faisaient que par le commun consentement des peuples qui les payaient. »

Henri IV disait : La première loi du souverain est d'observer toutes les lois... J'ai, moi-même, deux souverains : Dieu et la loi.

Michel l'Hospital rappelait les mêmes principes dans son apologie des Etats-Généraux.

Rœderer, un écrivain peu suspect de royalisme, faisant le résumé de la vieille constitution française, dit qu'*il est authentiquement prouvé* qu'à la fin du quinzième siècle et au commencement du seizième, tous les grands du royaume choisi par le Roi formaient la Chambre-haute, grand Conseil du Roi ; que les États généraux proposaient les lois soumises ensuite à la sanction du Roi ; que les députés du peuple étaient élus sans distinction d'ordre dans les assemblées des communes ; que les délibérations étaient communes ; que les voix étaient comptées par têtes ; que les impôts pour être levés avaient besoin d'être consentis par ceux qui les payaient ; que la nécessité de ce consentement résultait du droit do propriété ; que l'assemblée des députés avait le droit de prendre connaissance des besoins de l'Etat pour y mesurer les contributions.

Le conventionnel Thibeaudeau a écrit ce qui suit :

« Depuis le plus petit village jusqu'à la capitale, tous les manants, de quelque état et condition qu'ils fussent, participaient à l'exercice des droits politiques. Ils avaient le droit de concourir à la rédaction des Cahiers..., d'exposer leurs vues et leurs opinions sur toutes les affaires de l'Etat... C'était le suffrage universel libre... On était électeur, éligible, sans aucune condition de propriété, de cens. »

Ainsi, l'histoire nous apprend que la première race de nos rois eut ses assemblées du Champ-de-Mars ; que la deuxième race eut ses assemblées du Champ-de-Mai ; que la troisième race eut ses Etats-Généraux ; que dès les premiers temps de la Monarchie, la France n'a cessé d'avoir ses municipalités communales et provinciales qui durent, au XIIIe siècle, leur résurrection à la protection de nos rois ; que jusqu'au XVIIIe siècle, ces municipalités eurent leurs assemblées périodiques. L'histoire, en un mot, nous montre partout, en dépit des malheurs des temps, la Royauté unie au peuple des communes, écrasant la féodalité pour fonder la triple unité religieuse, politique et territoriale de la France.

Au XVIIe siècle, sous la monarchie administrative de Louis XIV, Fénelon ne cessa de revendiquer, contre les abus existants, ces grandes lois fondamentales de la Monarchie.

Après avoir été invoqués par les Parlements que Louis XVI avait rappelés, ces principes furent, nous l'avons dit, proclamés par la nation elle-même dans ses Cahiers de 1789 et sanctionnés par Louis XVI en sa Déclaration du 23 juin de la même année.

M. Thiers résume ainsi les vœux des Cahiers :

« Tous les Cahiers s'étaient expliqués formellement sur les principes fondamentaux à établir. Ils avaient uniquement prescrit le gouvernement monarchique, l'hérédité de mâle en mâle, l'attribution exclusive du pouvoir exécutif au Roi, la responsabilité de tous les agents, le concours de la nation et du Roi pour la confection des lois, le vote de l'impôt et la liberté individuelle. »

(*Histoire de la Révolution française*, t. I, p. 84.)

Telle est la constitution naturelle de la France, en dehors de laquelle les partis de révolution s'efforcent en vain de nous imposer leurs Chartes bâclées, leurs Constitutions exotiques : La France n'est ni une république, ni un empire césarien, ni une royauté constitutionnelle avec une Charte octroyée par le roi, ni un gouvernement parlementaire avec une Charte octroyée par les Chambres, la France est une monarchie chrétienne et représentative : tout ce qui se fait en violation de ses lois constitutives, est nul de soi, nul de droit.

Il y a un droit national antérieur et supérieur aux négations révolutionnaires, aux prétentions constituantes des partis.

La France est une monarchie représentative : pendant quatorze siècles elle a voulu : 1° la religion catholique ; 2° l'unité et l'hérédité du pouvoir royal ; 3° la représentation générale, pour le vote de l'impôt et des lois, de tous les contribuables de l'impôt du sang et de l'argent ; 4° la décentralisation administrative ou droits municipaux des communes et des provinces ; 5° enfin le principe territorial, c'est-à-dire l'intégrité de ses frontières naturelles.

IV

Nous allons voir maintenant logiquement sortir de ces principes la solution de la question relative à la responsabilité des agents du pouvoir, sous la monarchie représentative.

De droit et de fait, en vertu d'une délégation primitive faite à la dynastie nationale, le Roi est le représentant héréditaire du peuple ; il exerce l'autorité en vertu des mêmes lois fondamentales qui consacrent les droits primitifs de la nation ; le Roi est le représentant héréditaire du peuple comme les mandataires élus par l'universalité du peuple sont ses représentants temporaires.

L'autorité du Roi est entière comme la liberté du peuple est entière. Les droits et les devoirs respectifs du peuple et du Roi sont corrélatifs et ne peuvent logiquement se heurter, se nuire, se nier. La loi d'ordre représentée par l'hérédité du pouvoir sert de rives naturelles au fleuve majestueux des libertés publiques.

Notre droit national consacre et garantit ainsi l'indépendance de la religion catholique, l'indépendance de l'autorité royale, l'indépendance de la liberté.

Nous possédons ici les réalités de la liberté et de l'autorité par opposition aux fictions parlementaires.

La loi proposée par le peuple est sanctionnée par le Roi : l'accord du Roi et du peuple fait la loi qui est l'expression de *la souveraineté nationale*, en vertu de la maxime des capitulaires de Charles-le-Chauve : « *Lex fit consensu populi et constitutione regis,* » en opposition à *la souveraineté du peuple*, de la démocratie révolutionnaire qui nie l'autorité du Roi pour ne maintenir que le *consensu populi.*

La Monarchie représentative se réduit à ces trois termes : centralisation politique — décentralisation administrative — représentation générale et locale.

Entre le peuple et le Roi, unis par la loi faite en commun, il n'y a d'autres intermédiaires qu'une grande Assemblée élective composée de *mandataires* du peuple dans le sens *historique* et *rationnel* du mot, qui proposent et discutent les lois demandées par le peuple et votent les impôts demandés par le Roi. Cette Assemblée n'a d'autres droits sur le gouvernement de la chose publique que celui de contrôler l'emploi des finances et celui de surveiller tous les agents de l'autorité.

Pour s'éclairer dans l'exercice de son droit de sanction et de son initiative royale, le Roi nomme, pour un temps déterminé, une haute Assemblée, un Conseil de sanction, choisi dans toutes les illustrations et notabilités du pays, magistrature, armée, clergé, enseignement, etc. Ce grand Conseil n'a d'autre mission que d'éclairer le Roi dans l'exercice de son droit de sanction et de ses autres attributs régaliens ; ceci est encore primitif : *de minoribus* PRINCIPES *consultant, de majoribus* OMNES. » C'est Tacite qui parle ainsi des Germains, nos pères.

L'idée d'une Chambre haute héréditaire serait contraire à tout ce que l'histoire nous montre de l'ancien droit public, de cette constitution naturelle telle qu'elle apparaît dans les cahiers de 1789 et dans le programme du Roi.

La Chambre des pairs héréditaires est une importation anglaise. Tous nos historiens monarchiques ont reconnu et signalé les immenses difficultés qu'éprouva Louis XVIII pour instituer, sur le modèle anglais, la Chambre des pairs de la Restauration, et nous connaissons l'histoire des *fournées* de pairs devenues nécessaires pour atténuer l'esprit d'opposition révolutionnaire qui s'y était introduit.

Nous n'avons rien à envier à la constitution anglaise. Le génie des deux peuples est absolument différent.

La conquête des Francs ne fut qu'une assimilation de ce peuple avec l'élément gallo-romain ; assimilation dont l'égalité politique et l'adoption par les vainqueurs de la religion des vaincus furent comme les conditions naturelles. La religion chrétienne, l'unité monarchique et le principe de la représentation générale enfantèrent, au sein de ces éléments divers, la plus forte des unités et des nationalités politiques, celle du peuple français qui devait sortir victorieuse de la crise féodale, de la guerre de cent ans, de la réforme protestante, comme elle sortira victorieuse de la Révolution qui touche à sa fin.

En Angleterre, rien de pareil ; la race conquérante est demeurée immuable sous sa forme aristocratique et terrienne, comme une sorte d'oligarchie privilégiée, supérieure en droits au peuple vaincu ; oligarchie antérieure aussi et supérieure à la royauté vassale.

En France, la Royauté est, comme le prouve Augustin Thierry, essentiellement nationale, indépendante de toute aristocratie, antérieure à la féodalité, elle puise ses origines dans la libre acceptation des Francs et des Gaulois réunis par le baptême de Clovis. La Royauté, en Angleterre, subit la loi *parlementaire* qui part de la Grande Charte.

En France, la Monarchie représentative, c'est-à-dire la représentation héréditaire du peuple par la Royauté et sa représentation temporaire ou élective par des *mandataires* librement élus, est la seule forme constitutive de notre droit national.

Le principe de l'indépendance du pouvoir royal serait atteint par une Chambre héréditaire puisant son droit en elle-même, et qui tendrait à s'élever, comme en Angleterre, au-dessus du pouvoir royal ; le principe de l'égalité devant la loi serait également violé par cette institution. La naissance fait les rois, nous dit Tacite, parlant des Germains, et la valeur les généraux. La naissance qui fait le Roi ne peut faire un législateur. Siéger de plein droit au sein d'une Chambre haute, c'est violer le droit de la Royauté et le droit du peuple.

Monseigneur le comte de Chambord, avec son admirable bon sens, n'est jamais sorti de la constitution naturelle de la France. Les vœux formulés par la France en 89 et sanctionnés par Louis XVI se retrouvent consacrés dans son programme.

Le Roi nous parle d'une Chambre haute dont les membres seraient choisis par lui dans des catégories déterminées. La vérité est là.

Dans la Monarchie représentative, le Roi gouverne en vertu des lois. Irresponsable et inviolable dans sa personne, il est libre dans l'exercice de ses prérogatives monarchiques qui sont la sanction des lois, le commandement des armées, le choix des magistrats chargés de rendre la justice en son nom ; le Roi est libre dans le choix de ses ministres et agents comme dans la direction suprême des rapports avec les puissances étrangères et avec le Chef de l'Eglise, toujours avec le *contrôle* de la nation librement représentée.

Les Cahiers de 89 disaient : La personne du Roi est inviolable, le Roi est irresponsable. Mais les Cahiers proclamaient unanimement la responsabilité de tous les agents de l'autorité.

Le Roi, avons-nous dit, choisit librement ses ministres où il veut ; c'est de droit naturel et traditionnel. L'Assemblée nationale élue par le vote gradué, par *le vote universel honnêtement pratiqué*, à la Commune, et avec des *pouvoirs* ou *mandats* propose et discute les lois. La majorité de l'Assemblée nationale est et doit être naturellement, logiquement, la représentation exacte de la majorité de la nation. Elle a sa mission tracée par la loi constitutive, elle est sans autorité sur le pouvoir exécutif et sur le choix des ministres.

C'est pourquoi, tous les agents de l'autorité doivent être *individuellement* et *sérieusement* responsables de leurs actes, de leur conduite, de leurs faits et gestes publics ou privés. Cette responsabilité, pénale ou civile, de droit naturel et de droit commun, est la garantie de la liberté du peuple. Aucun privilège législatif ne doit couvrir les agents de l'autorité. Ils répondent individuellement de leurs actes devant la justice du pays.

Il n'est nullement question, dans notre histoire et dans les Cahiers de 89, de la responsabilité collective et fictive des ministres, ni de ministères homogènes. Il n'y est question que d'une responsabilité de droit commun, et du droit primitif du Roi à choisir ses ministres au sein de la nation.

Les députés, dans la Monarchie représentative, n'étant pas des *souverains*, mais des *mandataires* de la nation qui demande des lois en échange des impôts, n'ont qu'un droit de contrôle et de surveillance, et sont tenus de respecter le droit national qui donne le gouvernement au Roi et l'administration au pays. Tout marche alors, les affaires de la France, la politique des grands ministres, la prospérité, l'ordre et le progrès régulier : il n'y a de confondues que les ambitions malsaines.

Les lois dues à l'initiative du Roi, lois d'administration générale, règlement de centralisation politique et d'ordre public, sont appelées *lois du Roi*. Les lois votées par l'Assemblée élective, en conformité des vœux de la nation et sanctionnées par le Roi, sont appelées *lois du royaume*.

On comprend que dans cet édifice de raison et de tradition où le pouvoir suprême est *un* et *libre*, au lieu d'être divisé en trois pouvoirs rivaux et livré à la merci d'une Chambre souveraine, on comprend que la question de l'homogénéité et de la responsabilité collective et fictive des ministères n'a plus sa raison d'être : La question n'existe pas. Le Roi choisit son Conseil *dans la nation*, comme il choisit les magistrats, les gouverneurs de province et les préfets.

V

La justice est le premier devoir des rois, comme la soumission aux lois est le premier devoir des peuples. L'insurrection est toujours un crime, car l'expérience nous prouve que les révolutions sont la ruine des peuples. D'ailleurs, un peuple religieux, instruit par le malheur, rendu à l'unité de son esprit public, et une dynastie sortie, avec les siècles, des entrailles de la nation, s'entendent toujours pour mettre fin aux abus qui peuvent fausser les meilleures institutions.

Dans une belle étude sur un livre de lord Normanby, M. de Lourdoueix écrivait, il y a vingt-cinq ans, les lignes suivantes :

« Un prince investi d'un titre royal n'a jamais cru et ne croira jamais, en France, que le gouvernement de l'État n'est pas pour lui un droit et un devoir ; jamais il ne pensera que son autorité doive passer tout entière dans les mains de ses ministres, qu'il soit une griffe à signatures devant autoriser aveuglément des mesures qu'il jugera pernicieuses pour sa nation et pour sa dynastie. On ne lui fera jamais comprendre qu'il soit le seul homme au monde privé de son libre arbitre, et devant prêter son nom à des actes que sa conscience condamne et dont il répondra moralement et effectivement. »

C'est parce qu'il voulut rester fidèle au droit national de la France, aux vrais principes de 1789, que Monsieur le comte de Chambord, que le Roi a rencontré, en 1873, comme obstacle à la restauration de l'ordre et de la liberté, les orgueilleuses prétentions des parlementaires, ces maires du palais que les événements se chargent de punir.

La Restauration se fera bientôt par la volonté de Dieu : *instaurare omnia in Christo;* Dieu créateur de l'ordre social, rétablira l'accord du Roi et du peuple, de l'autorité vraie et de la liberté vraie. La France rendue à l'ordre et à l'idée de droit, arborera le drapeau de l'ordre et du droit.

On pourra DÉCLARER la Constitution française, c'est-à-dire les principes antérieurs et supérieurs aux créations constituantes des partis ; on ne constituera rien ; les partis réconciliés dans la vérité reconnaîtront librement ce qui est constitué par les lois fondamentales de la Monarchie.

La réforme nationale donnera l'essor à tous les progrès légitimes. On RÉFORMERA, on reviendra à l'antique forme, celle qui est le plus près de Dieu, principe de tout, ayant seul avec le temps son ministre, le droit et le pouvoir constituants.

CHAPITRE II

LES FAITS

Le gouvernement parlementaire déroule en Angleterre comme en France les conséquences prévues depuis longtemps par les hommes de principes. En France cela va plus vite : on apporte, chez nous, dans les expérimentations politiques, un peu de cette *furia* qui a caractérisé de tout temps l'action guerrière de nos soldats. La France, a dit un publiciste illustre, épuise l'erreur pour arriver plus vite à la vérité. Dix ans, vingt ans, un demi-siècle même sont peu de chose dans l'histoire d'un peuple qui compte quatorze siècles d'existence.

L'ancienne Constitution française, selon les plus grands historiens de ce siècle, reposait sur des principes d'autorité réglée et de représentation générale, d'unité politique et de décentralisation municipale, qui ne demandaient qu'à être séparés des abus de l'ancien régime, pour redevenir, au milieu des temps nouveaux, l'idéal des peuples chrétiens et libres. Une fausse philosophie engendra les faux systèmes. L'orgueil constituant s'empara de nos législateurs. Tous les régimes politiques furent expérimentés chez nous. La République nous livra à la Terreur; la Terreur nous livra au despotisme de l'Empire. Les catastrophes financières, les guerres civiles, les guerres étrangères, les invasions, les pertes de territoire, vinrent apprendre à la France qu'un peuple ne se jette pas impunément dans la voie des expérimentations contraires à ses traditions religieuses et politiques.

Le malheur voulut que les hommes de la funeste école anglaise, à la tête desquels se trouvait Benjamin Constant, fussent, en 1814, désignés par leur situation, autant que par la faiblesse de Louis XVIII, pour reconstituer la monarchie française.

Selon le mot de Châteaubriand, *la Légitimité fut confiée à la garde de toutes les illégitimités*. Au lieu d'une déclaration de la véritable constitution française que la France avait elle-même réformée en 1789, nous eûmes une charte d'importation anglaise, une charte écrite avec sa bascule à trois pouvoirs, avec le principe de la souveraineté parlementaire luttant contre la prérogative royale, avec des déclarations de droits incomplètes préparant les voies au cens électoral et au double vote, avec une chambre héréditaire dans un pays qui n'avait jamais rien vu de semblable, pays d'égalité civile et politique dont la propriété divisée ne peut fournir des éléments pour une haute aristocratie privilégiée. Cette imitation, cette contrefaçon de la constitution anglaise perdit la Monarchie. Châteaubriand et de Villèle annoncèrent de loin la catastrophe qui, en 1830, devait introniser l'orléanisme et jeter en exil trois générations de rois.

A la charte octroyée par un roi succéda une charte bâclée et octroyée par une chambre de censitaires. Comme conséquences de cette usurpation de Juillet 1830, nous eûmes la Révolution de 1848, le socialisme et l'Empire avec ses guerres désastreuses.

Depuis 1870, l'école parlementaire, au lieu de seconder le réveil de l'esprit national qui aspirait à la Monarchie, a lancé la France dans de nouvelles expérimentations républicaines.

Le système des fictions parlementaires est tombé finalement dans les mains des radicaux qui en font sortir naturellement les réalités de l'arbitraire, de la violence et de l'anarchie.

L'attitude de M. Grévy, président de la République, laissant gouverner ses ministres dans le sens des doctrines radicales et jacobines que M. Grévy paraissait avoir condamnées pendant trente ans de sa vie d'avocat et d'homme politique, fait en ce moment l'étonnement de ces journalistes, écrivains des centres, qui n'ont pas hésité, en d'autres temps, à pousser l'opinion sur les pentes de la révolution modérée et du régime parlementaire.

Reprocher à M. Grévy d'oublier ses antécédents de libéralisme, de tolérance, de modération, d'incorruptibilité, pour passer, sous le titre de président de la République, au service des disciples de M. Gambetta et d'une majorité parlementaire pour qui l'histoire inventera un terme qualificatif spécial, c'est manquer de justice.

M. Grévy est l'homme de la situation. C'est le soliveau doré, poli, candide machine à signer, qu'ont rêvé sous la Restauration, sous le gouvernement de Juillet et depuis, les politiques de l'école anglaise, les doctrinaires qui n'avaient tenu à abaisser l'autorité royale que pour diriger eux-mêmes le pouvoir dans les voies de la révolution. M. Grévy est le type exact du roi constitutionnel : il signe, mieux, beaucoup mieux que le maréchal de Mac-Mahon lui-même, tout ce que la révolution lui dit de signer. M. Grévy, parlementairement parlant, n'a pas de responsabilité ; il n'a ni volonté, ni conscience propre... c'est le chef d'Etat qui obéit à la queue radicale ; qui permet à la négation athée d'envahir toutes les sphères de l'activité nationale, à des ministres méchants et incapables de désorganiser les pouvoirs publics, les institutions, toutes les parties de l'édifice social ; qui autorise un M. J. Ferry à brandir le glaive et la main de justice au-dessus de toutes les têtes et de toutes les lois ; M. Grévy est l'homme créé et mis au monde pour donner au régime parlementaire tout le loisir d'étaler aux yeux de cette génération les conséquences absurdes, douloureuses, sanglantes, prédites, depuis trois quarts de siècle, par les royalistes de la droite nationale, par les hommes de principes, défenseurs, sous tous les régimes, de l'autorité qui règne et gouverne *appuyée sur les libertés publiques, fortement réglées et loyalement respectées*, selon les termes du programme royal.

En Angleterre les choses ont marché et devaient marcher plus lentement ; mais enfin elles marchent dans le sens prévu, depuis longtemps, par nos maîtres et par nous.

Dans ce pays, le régime parlementaire se rattache au fait de la conquête normande. L'aristocratie anglaise a créé une royauté subordonnée à l'organisation féodale. La royauté y subit le joug du Parlement, véritable citadelle du privilège héréditaire de la race conquérante. Nous avons dit plus haut que ce système politique ne réalise en fait, chez nos voisins, que la liberté des privilégiés, aux dépens de la dignité, de la liberté morale et de l'égalité pour la masse du peuple soumis au travail producteur et aux charges publiques ; et nous ajoutions : la constitution anglaise ne résistera pas aux modifications que produira dans les idées, dans les mœurs et dans les lois la réforme électorale ; la logique des principes violés en amènera tôt ou tard la transformation.

Ce qui a fait, jusqu'à ce jour, la stabilité de ce régime, c'est qu'en Angleterre il se lie historiquement à un état social qui constitue la grande propriété et concentre, depuis des siècles, la fortune publique, entre les mains des classes qui ont créé et qui ont intérêt à maintenir ce régime politique ; c'est aussi parce que le génie maritime et colonisateur de la Grande-Bretagne a su occuper l'ambition nationale dans les établissements que le pavillon britannique protège sur toutes les mers du globe ; c'est enfin par le fait de cette circonstance peu connue que la constitution anglaise *n'est pas écrite* ; qu'elle est gravée sinon dans le cœur du peuple, comme Jérôme Bignon le disait de la vieille constitution française, mais dans les mœurs égoïstes des classes dirigeantes. Et M. Bright a pu, un jour, qualifier la constitution anglaise de *constitution invisible et impalpable.*

Les partis imbus des idées radicales ont déchiré le voile et découvert le colosse aux pieds d'argile.

Il est certain, en effet, que l'heure des transformations est venue. La chute foudroyante du gouvernement tory, dans les élections dernières, révèle une situation toute nouvelle.

Les renseignements transmis d'outre-Manche s'accordent à montrer le côté grave d'un mouvement d'opinion qui ne ressemble en rien aux fluctuations ordinaires du régime parlementaire, mais qui, selon nous, sort de ce régime comme la conséquence du principe.

En Angleterre, l'autorité amoindrie de la reine pourrait bien rester sans force devant la revendication de certaines réformes sociales et politiques ; une royauté indépendante de la féodalité parlementaire pourrait seule, comme nos anciens rois s'appuyant sur les communes, diriger le mouvement.

Le radicalisme arrive à son heure pour entraîner, peut-être, dans la douloureuse voie des révolutions, ce pays dont le gouvernement a soufflé ou encouragé l'esprit de révolution et d'usurpation sur toute l'Europe.

Nous pouvons, à l'appui des considérations qui précèdent, rappeler le langage tenu par la presse anglaise et française à l'époque de l'avènement au pouvoir de M. Gladstone.

On écrivait de Londres au *Moniteur :*

« La nouvelle assemblée n'est pas encore complètement sortie du scrutin et voici que déjà on spécule sur la durée de son existence ; on est même déjà assez généralement d'accord pour l'appeler : « le Parlement provisoire » le « short Parliament. » En effet, aux discussions intestines, aux éléments hétérogènes vient s'ajouter ce fait indiscutable c'est qu'à *la ploutocratie succède la démocratie en Angleterre. Une révolution vient de s'accomplir et les nouvelles couches sociales ont paru à l'horizon : le radicalisme a essayé ses forces ; c'est à lui que les libéraux modérés doivent leur victoire et ils restent ses obligés.* Or la réforme placée en tête du programme libéral est la franchise électorale dans les comtés qui n'ont encore que le suffrage restreint et pour lesquels le radicalisme réclame impérieusement le *household suffrage* (suffrage universel). Cette loi sera votée à la Chambre des communes et les lords comprennent trop bien leur situation pour qu'ils s'opposent à ce bill.....

« Je dois avouer que jamais je ne me serais attendu *au progrès du radicalisme dans les proportions où il se révèle*, et surtout parmi les villes manufacturières et au milieu des provinces les plus éloignées de Londres. »

D'autre part, un autre de nos confrères résumait ainsi les appréciations du *Daily-News :*

« Les dernières élections anglaises ne sont pas rien qu'une simple répétition de l'éternelle lutte des tories et des whigs. Elles ont un autre sens. *Elles signifient l'avènement des radicaux au pouvoir.* Leur organe le plus considérable, le *Daily-News*, a soin de nous en avertir. Il engage en outre la reine à se bien pénétrer de cette vérité. Si elle veut dissiper certains nuages qui se sont élevés entre elle et son peuple, elle doit faire appeler M. Gladstone aussitôt qu'elle aura reçu la démission de lord Beaconsfield, et lui demander de former un nouveau cabinet. Ni lord Granville, ni lord Hartington ne sont les hommes de la situation. Sa Majesté est en présence de la volonté du véritable souverain, et il ne lui est pas permis d'hésiter, quelles que soient ses préférences personnelles. Notre confrère lui trace son devoir en termes froidement respectueux, sinon en termes menaçants. »

Ajoutons que le programme des radicaux, dont M. Bradlaugh est le représentant, consiste d'une part à attendre de la souveraineté révolutionnaire du Parlement la transformation de la monarchie anglaise en république et, sur le terrain social, à l'abolition de la grande propriété par le morcellement, c'est-à-dire par la suppression du droit d'aînesse et des majorats.

Telle est la situation en Angleterre. N'oublions pas que la grave question irlandaise s'ajoute encore aux revendications radicales. Que ce soit M. Gladstone ou tout autre chef du parti libéral qui se charge de diriger la marche du gouvernement à travers les périls de la crise qui s'ouvre, on peut affirmer que les vieilles institutions anglaises qu'on nous donnait, depuis trois quarts de siècle, comme l'idéal, comme le type impérissable des constitutions libres, devront faire place aux réalités de la monarchie représentative telle que l'a toujours comprise le génie de la France, telle que l'aurait réalisée la vieille Europe sans les ébranlements causés par le protestantisme dans tous les Etats du continent ; à moins que, pour le malheur de nos voisins, au lieu de réaliser des réformes encore possibles, les libéraux ne précipitent l'Angleterre dans le cycle des expérimentations républicaines et césariennes. Espérons que cette nouvelle cause de révolutions et de guerres sera providentiellement évitée à l'Europe par la prompte restauration des Etats catholiques dans les principes d'autorité et de liberté vraie qui avaient créé leur grandeur passée.

En résumé, le parlementarisme a conduit la France au socialisme de 1848, à l'empire et à la république jacobine ; il a conduit la Prusse au militarisme, l'Italie à un unitarisme centralisateur inféodé à la révolution, l'Espagne aux révolutions périodiques, à l'épuisement complet ; il conduit la Belgique à un cataclysme démagogique.

En Angleterre, son pays d'origine, en Angleterre même, il ne sauvera pas la liberté, et l'ordre social est menacé, dans ce pays, d'un bouleversement prochain.

Un de nos amis a signalé dernièrement dans l'*Etoile* un travail des plus curieux publié dans la *Revue des Deux-Mondes,* et dû à la plume de M. Emile de Laveleye, libéral et parlementaire connu.

Cet écrivain, non suspect, étudie l'avenir du parlementarisme en France et en Europe et ses conclusions se rapprochent beaucoup de nos doctrines.

« Il y a peu d'années, dit M. de Laveleye, posséder ce régime était le comble des vœux des peuples qui en étaient encore privés. Aujourd'hui qu'il existe dans tous les pays civilisés, sauf en Russie, on trouve qu'il marche mal ; on s'en détourne avec indifférence et parfois même avec mépris.

« Peu de temps avant sa mort, le prince Albert disait : *Now the parlementary system is on its trial.* Un écrivain russe qui, d'une plume incisive et vaillante, défend le gouvernement du czar et attaque ceux de l'Occident, O. K., me disait récemment : « La fin de notre siècle verra la chute définitive du règne parlementaire. »

« Le fait est que partout il subit une crise. Dans sa patrie d'origine, en Angleterre, il cesse presque de fonctionner. Sans cesse arrêté, il n'est plus capable de faire des lois; il n'a d'autre résultat que de harasser les députés et de tuer les ministres. Dans le pays modèle de toutes les libertés, aux Etats-Unis, le congrès est devenu, dit-on, le champ clos des politiciens vulgaires et les hommes les plus éminents se retirent de la vie publique. En France, tout le monde se plaint... En Italie, le Parlement est un kaléidoscope...

« Il faut le dire, car l'expérience de chaque jour le démontre, le gouvernement parlementaire, né en Angleterre, pour régler un petit nombre d'affaires, n'est pas fait pour être le mode de gouvernement de l'état moderne, avec les mille attributions qu'on lui a successivement imposées sur le continent. »

. . . .

« *Des réformes profondes s'accompliront*, dit-il, *sinon le gouvernement parlementaire périra dans l'impuissance et dans la considération.* »

Or, ces réformes, la décentralisation administrative et l'indépendance des ministres à l'égard des Chambres, rentrent dans notre programme de Monarchie représentative.

C'est M. Laveleye qui, dans sa préface sur la *Constitution belge de 1830*, en tête d'un livre de M. Th. Juste, s'écrie :

« Le régime constitutionnel est si peu en rapport avec les pratiques catholiques, que si le Roi s'y soumet scrupuleusement, ce régime est complètement faussé dans son application, » « puisque, ajoute M. de Laveleye, si une mesure « est contraire aux dogmes ou aux intérêts de l'Eglise, le Roi ne pourra la « sanctionner ? »

En France, les idées vraies et les idées fausses sont poussées jusqu'à leurs conséquences dernières.

L'erreur apparaît aujourd'hui à tous les yeux, grâce à la démonstration par l'absurde.

Le parlementarisme républicain, en lutte avec la souveraineté du peuple compliqué de l'esprit jacobin, nous mène de conflits en conflits, au bord de l'abîme socialiste et nihiliste où nous allons rouler.

Si l'autorité doit être amoindrie, affaiblie, déshonorée, annihilée pour que le régime cher à nos anglomanes fonctionne régulièrement, c'en est fait de la clé de voûte de l'ordre social.

Il faut que tout croûle : *l'an-archie* de Proudhon, c'est-à-dire la suppression logique de toute autorité, de tout gouvernement unitaire, de toute *monarchie* héréditaire doit triompher tôt ou tard.

A l'heure actuelle, nous marchons à pas de géant vers la réalisation du rêve de Proudhon.

La seule souveraineté révolutionnaire du peuple, c'est-à-dire des factions violentes, doit régner et gouverner, comme la conséquence des conflits perpétuels produits par le système parlementaire.

A moins que, dans le réveil des idées françaises qui, par la grâce de Dieu, se manifestera à la lumière des événements, dans la crise suprême qui commence, l'esprit national ne reprenne, d'accord avec la Royauté, comme au début de 1879, le grand programme de la Monarchie représentative, chrétienne et libre, constitutive parmi nous depuis les Francs qu'admira Tacite jusqu'à Charles VIII et Louis XII, dont les règnes glorieux offrirent l'application la moins imparfaite de notre constitution naturelle.

POST-SCRIPTUM

L'INTRIGUE DES HABILES

A M. le comte de Falloux.

Il y a une intrigue ourdie, depuis longtemps, contre le Roi, personnellement contre le Roi. Cette intrigue, M. le comte, vous la connaissez. Elle est dirigée par les quelques ducs qui, aidés, encouragés par vous et vos amis, ont, en 1873, soulevé la question du drapeau à laquelle personne ne songeait, afin d'ameuter le libéralisme tricolore contre la Royauté nationale que la France entière était sur le point d'acclamer ; ces politiques frondeurs qui ont envoyé Monseigneur le comte de Paris adresser au Roi sa déclaration monarchique, et qui préparaient sous main le programme des conditions qu'ils comptaient imposer au Roi, n'ont jamais cessé de conspirer, de marcher vers le but secret de leurs convoitises et de leur coupable ambition. Chacun des actes de leur politique a été dirigé dans le sens de cette pensée d'usurpation, dont le plan est connu : prolonger l'exil du Roi INDÉFINIMENT... entendez-vous, M. le comte de Falloux ! prolonger l'exil du Roi INDÉFINIMENT, jusqu'à ce que le Roi soit mort, ou qu'il ait abdiqué entre les mains de la faction parlementaire, de ces hommes que Lourdoueix appela les *anglais de l'intérieur*, des maires du palais, des irréconciliables du centre droit et de la droite modérée dont la Providence a, depuis un demi-siècle, par la mort du duc d'Orléans, par le 24 février 48, par le coup d'État de 51, par le 4 septembre 1870, par la chute du Seize-Mai, condamné et ruiné les espérances coupables ?

« Prolonger l'exil du Roi ! » Pour atteindre ce but, réédition de l'usurpation de Juillet 1830, les ducs aidés par vous et vos amis, ne voyant pas, ne voulant pas voir la ruine de la grandeur française, les épouvantables progrès de la révolution radicale ; pour atteindre ce but : « *Prolonger indéfiniment l'exil du Roi* », vos amis, les conseillers des princes d'Orléans, ont posé au Roi, en 1873, des conditions déshonorantes, sachant bien que le petit-fils de Henri IV les repousserait. Vous vouliez alors enchaîner le Roi ou le rendre impossible. Le Roi répondit en vous dominant de toute la hauteur de sa race : *Amoindri aujourd'hui, je serais impuissant demain*... et le Roi sauva la Monarchie ; et grâce à son intrépide bonne foi, à la profondeur de sa politique, il est seul aujourd'hui, avec son programme et son drapeau, le salut de la France et de l'Europe.

Pour atteindre ce but : *Prolonger l'exil du Roi*, les ducs ont voté et fait voter l'expédient imaginé par eux pour tromper les royalistes, l'expédient du Septennat.

Le vote du 20 novembre 1873 leur livra le pouvoir. Pour le conserver et préparer la candidature du duc d'Aumale à la présidence de la République (deuxième partie du plan de l'intrigue), les ducs votèrent et firent voter par leurs amis la constitution républicaine.

Monsieur le comte, vous savez et je le démontre ailleurs d'après l'*Officiel*, que votre ami, M. le vicomte de Cumont, a suivi l'exemple du centre droit : Le 25 février 1875, s'accomplissait l'acte de trahison à l'égard de la France monarchique et catholique, en attendant l'acte de trahison à l'égard du Roi.

Vous savez, M. le comte, qu'après la mort de Gambetta et après la mort de Chanzy, deux coups de foudre de la Providence, des conciliabules aumaliens se sont tenus à Angers, et qu'on y a dit ceci : *il n'y a craindre qu'une chose : que les royalistes ne nous devancent.....*

Vous devez savoir qui a dit ce mot.

Maintenant, voici qui est mieux. L'intrigue aumalienne, que tous les royalistes de France ayant à leur tête le Roi et à côté d'eux tous les honnêtes gens de France sont décidés à anéantir, quand l'heure de Dieu sonnera, l'intrigue aumalienne, hypocritement servie par une certaine presse dont votre journal, l'*Union de l'Ouest*, fait partie, a pour organe naïf, dans l'Ouest, le drapeau tricolore de Saint-Malo.

Le directeur de ce journal, dont le cri de guerre était dernièrement : *le légitimisme, voilà l'ennemi*, vient de fonder à Paris une revue politique destinée à préparer le succès de l'intrigue aumalienne.

Voici, M. le comte, comment votre journal annonce l'apparition de cette revue politique.

Je lis dans l'*Union de l'Ouest* du 1er mars 1883 :

La monarchie libérale et parlementaire, c'est le titre d'une nouvelle Revue politique, qui va paraître à Paris, chaque semaine, ayant pour directeur politique M. Hippolyte Ollivier, déjà directeur du « Drapeau tricolore, » à Saint-Malo et de plusieurs autres journaux.

Voici le programme politique de la nouvelle Revue :

« 1° Une assemblée nationale Constituante sera élue pour réviser les lois constitutionnelles de 1875.

« 2° L'Assemblée nationale Constituante décrétera que le gouvernement français est monarchique et héréditaire de mâle en mâle par ordre de primogéniture.

« 3° Elle instituera un conseil de Régence composé de 30 membres. Elle choisira 24 de ces membres dans son sein et les six autres hors de son sein.

« 4° Elle nommera un Régent du Royaume.

« 5° Le Régent exercera toutes les fonctions de la Royauté, et se conformant aux règles établies par la Constitution. Le Régent commande les forces de terre et de mer et nomme à tous les emplois d'administration publique.

« 6° Ses ministres sont responsables.

« 7° L'Assemblée nationale désigne le Régent parmi les princes de la famille royale, et à leur défaut, parmi les gens du Conseil de Régence.

« 8° Tous les actes du Régent sont au nom du roi.

« 9° Le conseil de régence délibère à la majorité absolue : 1° sur les déclarations de guerre, la signature des traités de paix, d'alliance et de commerce ; 2° sur les règlements et ordonnances nécessaires pour l'exécution des lois et la sûreté de l'État.

« 10° Le drapeau national est le drapeau tricolore.

« 11° Aussitôt que Sa Majesté Henri-Charles-Ferdinand-Dieudonné de Bourbon aura accepté le drapeau national et prêté serment de fidélité à la Constitution délibérée par l'Assemblée nationale, les fonctions du Régent et du Conseil de Régence cesseront, et il sera proclamé roi de France. »

Ce programme de la nouvelle revue orléaniste est le même programme que publia, dans le temps, le *Drapeau tricolore* de Saint-Malo. L'*Union de l'Ouest*, votre journal, publie ce programme de la trahison, sans aucune réserve, sans réflexion, sans protestation. Ce programme, au fond, est le vôtre, M. le comte ; c'est celui de votre journal l'*Union de l'Ouest.*

C'est l'éternel plan de l'intrigue aumalienne, c'e-t la pensée agitée dans les conciliabules d'Angers ; c'est le plan de la trahison.

Remettre le Roi dans la même alternative de 1873 : une constitution fabriquée d'avance par les parlementaires, le drapeau de la rébellion et de la félonie, et un régent, M. le duc d'Aumale, qui préparerait, en cas d'un nouveau et inévitable refus du Roi, l'avènement de la branche cadette *par la prolongation indéfinie de l'exil du Roi.*

Mais il y a un Dieu.

M. le comte, permettez-moi de vous le dire, vous et vos amis, vous ne connaissez ni la France actuelle, ni l'état de l'Europe, ni l'état du monde, ni la pensée de Dieu.

La France actuelle est acculée par la Providence, par les événements les plus formidables de notre histoire, devant cette alternative dernière, suprême : périr par le radicalisme athée ou se régénérer par la monarchie héréditaire, chrétienne et libre.

Toutes les habiletés humaines sont épuisées ; toute sagesse humaine est en défaut. Nous touchons au cataclysme, à des événements véritablement *apocalyptiques*. Les moyens légaux, ordinaires, réguliers, sont finis. Le salut a été offert par Dieu, en 1848, en 1850, en 1870, en

1873, en 1875; l'opinion dirigée par vos amis et par vous l'a repoussé. Vous avez ainsi livré la France à la négation qui la tue. Tout serait perdu si une France royaliste et catholique, protégée par saint Louis et la vertu des martyrs de ce royaume très chrétien, n'avait pas mérité d'être sauvée après l'épreuve !... Nous en sommes, M. le comte, à l'heure prévue par Bossuet :

QUAND DIEU VEUT FAIRE VOIR QU'UN OUVRAGE EST TOUT DE SA MAIN, IL RÉDUIT TOUT A L'IMPUISSANCE ET AU DÉSESPOIR; PUIS IL AGIT.

G. V.

CONCLUSIONS

> Bientôt le *Bien* et le *Mal* auront leur camp distinct, et il arrivera un moment où ceux qui ne sont pas pour le Christ seront contre lui. Alors il se livrera une grande bataille qui décidera du règne de la civilisation ou de la barbarie. Cet inévitable dénouement n'est pas éloigné. Que chacun choisisse et que la publicité empêche toute surprise.
>
> (Le P. LACORDAIRE).

LA RAISON DE NOS ESPÉRANCES

I

Les espérances royalistes ne sont pas les espérances d'un parti travaillant à sa fortune particulière ; ce sont les espérances d'un très grand nombre de Français ayant donné, depuis un demi-siècle, des preuves évidentes, des preuves publiques de leur désintéressement absolu et de leur dévouement absolu à la paix intérieure, au bonheur et à la grandeur de la patrie, à l'ordre et à la liberté.

Les royalistes fidèles aux institutions qui ont fait, dans le passé, la gloire et la puissance de la France, connaissent l'histoire de leur pays. Leurs convictions religieuses et politiques reposent sur cette vérité fondamentale que les principes qui ont créé un peuple et l'ont conservé pendant quatorze siècles, peuvent seuls sauver et régénerer ce peuple livré par la Révolution aux haines jalouses de l'étranger, aux menaces du despotisme et aux dangers mortels de l'anarchie.

Les principes créateurs sont des principes sauveurs. Cette vérité, pour être méconnue des politiques matérialistes ou sceptiques, n'en règne pas moins en souveraine dans l'ordre moral nécessaire à la vie des sociétés.

Napoléon disait *qu'un pouvoir qui s'affaiblit doit se retremper dans sa source.* Cela est plus vrai encore des nations.

La France doit se retremper dans ses principes constitutifs, dans ses commencements, pour reprendre une vie nouvelle.

Ces commencements, ces principes de la France ont été la monarchie, le catholicisme, la liberté représentative, le droit municipal et l'unité de ce beau territoire qui faisait dire à la Strabon qu'il semblait avoir été tracé par la Providence.

La Féodalité, le protestantisme et la Révolution qui achève, à cette heure, son cycle séculaire, furent des maladies du corps social.

La Révolution est le creuset où la France éprouve sa constitution naturelle : l'or restera au fond.

La France guérira de la révolution, comme elle a guéri de la Féodalité, de la guerre de Cent ans, de la grande crise religieuse du XVIe siècle.

Après les époques tourmentées elle a toujours joui d'un grand règne.

Les temps de Charlemagne, de saint Louis, de Charles V, de Charles VII, de Louis XII, de Henri IV et de Louis XIV attestent cette vérité.

Aujourd'hui la gloire de l'Église et l'ordre social de l'Europe appellent un nouveau Constantin. Dieu veut encore et toujours faire collaborer le peuple Franc à son œuvre de régénération et de civilisation chrétienne.

La France va revenir à Dieu et au Roi, peut-être après une crise rapide et terrible ! Mais elle se relèvera forte de son repentir, parce qu'elle garde en elle, en dépit du long travail des sectes, le dépôt de la foi chrétienne et cet instinct monarchique contre lequel rien ne prévaut et qui a prévalu même dans les expérimentations constituantes que les partis de révolution lui ont fait subir.

L'Empire, l'usurpation de 1830 et la République elle-même revêtent des formes monarchiques pour faire illusion à l'instinct ou à la raison monarchique du peuple français.

C'est un hommage que l'hypocrisie révolutionnaire rend à la vertu de nos principes.

Les royalistes savent cela ; ils sont patients comme le droit. Mais si leurs convictions et leurs espérances se fondent sur la puissance de leurs principes dans le passé, elles se fortifient aussi à l'aspect des douloureux, des lamentables résultats qu'ont produits en France les expérimentations politiques tentées, depuis bientôt un siècle, en dehors du droit national français.

Nous pouvons demander à la Révolution ce qu'elle a fait de la France.

La division du pays, même au sein du parti républicain, en factions rivales qui, en dehors de l'opinion légitimiste, se disputent le pouvoir *en flattant les passions du peuple au lieu de s'appuyer sur ses vertus;* (1) la persécution religieuse qui met hors la loi d'innombrables citoyens de la patrie française partagée en deux camps, celui des oppresseurs qui est au pouvoir et celui des opprimés ; l'état

(1) Paroles du Roi.

désastreux de nos finances signalé par nos ministres républicains et nous offrant cet énorme budget de quatre milliards qui menace de nous précipiter dans la banqueroute ; notre frontière de l'Est ouverte à nos plus mortels ennemis, aux dépens de deux provinces conquises par la Royauté ; notre administration en pleine anarchie ; nos lois sans cesse abrogées et refaites ; cette inquiétude universelle annonçant l'effondrement prochain d'un régime qui dut la possibilité de renaître aux horreurs de l'invasion et aux désastres de la patrie ; le soulèvement des passions radicales et des sectes socialistes encouragées par les doctrines et les actes de nos gouvernants ; notre abaissement honteux, notre isolement et notre impuissance absolue au milieu d'une Europe monarchique à la veille de se reconstituer sans nous et contre nous ; tout cela ne montre-t-il pas clairement que la Révolution a trompé le peuple et qu'aucune de ses promesses n'a été tenue ! que rien n'est résolu et ne pouvait être résolu, en fait de réformes politiques et de pacifications sociales, en dehors des principes qui sont les conditions de l'ordre moral et matériel, en dehors de la monarchie chrétienne et représentative telle qu'elle fut proclamée par la nation entière en 1789 !...

Voilà la vérité qui nous rendra libres, c'est-à-dire qui nous délivrera de la Révolution, cette négation tour à tour violente ou hypocrite des lois essentielles à la vie d'un grand peuple.

Nous apportons la preuve directe : L'histoire montre l'œuvre de la Monarchie qui a fait la France, et l'expérience des nations les plus illustres, comme le raisonnement des grands esprits démontrant la supériorité de la forme monarchique, vient confirmer les enseignements de notre histoire.

Nous apportons la preuve par l'absurde : En dehors de nos principes la France est évidemment perdue ; rien n'a pu se faire ni pour la grandeur française, ni pour l'ordre, ni pour la liberté.

Ce qui fait que les royalistes sont forts et patients ; que leurs espérances sont invincibles et qu'ils croient à la parole du roi affirmant solennellement que *la France reprendra bientôt le cours glorieux de ses destinées traditionnelles*.

II

Comment reviendra le Roi ? Telle est la question posée par l'opinion publique elle-même, car la Restauration est, pour ainsi dire, faite dans les idées.

Les indifférents disent : ON ATTEND QUELQU'UN ! Les fidèles et les convertis disent : ON ATTEND LE ROI !

Comment le Roi reviendra-t-il? se demande-t-on en présence du mouvement royaliste seul en face du mouvement anarchiste.

La République est perdue ; elle se meurt ; elle paraît telle aux yeux de ses plus fervents défenseurs.

Il est évident que le mouvement royaliste arrive au moment psychologique où la France entière alarmée sur ses plus chers intérêts, se soulève d'indignation et de dégoût contre ce méprisable régime de despotisme hypocrite, de persécution et d'arbitraire.

Ce n'est pas nous seulement qui jugeons ainsi ce régime d'athéisme et de violence. Même avant l'effondrement du parti républicain qui fut la conséquence de la disparition soudaine de Gambetta, la désillusion des chefs intelligents de la presse de gauche était complète. Notre vaillant confrère de l'*Union du Midi* a résumé, vers la fin de l'année dernière, l'opinion des principaux organes républicains ; voici quelques extraits de ce curieux travail :

L'*Unité Nationale,* organe de l'extrême gauche :

« *La République actuelle est un régime de corruption, de lâcheté et d'imbécillité* que la France prise d'un immense mouvement de *dégoût,* finira par *vomir.* »

La *Bataille,* feuille radicale :

« *La République actuelle est une poupée bête et exsangue.* »

Le *Citoyen*, autre feuille radicale :

« Les Monarchies n'ont qu'à montrer les dents pour que notre République montre le *derrière.* »

La *Vérité,* organe de M. de Freycinet :

« *C'est une vieille courtisane, travestie et fardée, qui n'a plus ni sang ni vigueur,* dont tous les actes trahissent l'énervement. Qu'il s'agisse d'enseignement, de liberté de conscience, d'actes diplomatiques, de guerre, d'administration et même d'humbles mesures d'édilité pour la salubrité publique, *chacun des actes de ce régime porte le signe de l'impuissance et de la maladresse.* »

La *République française,* organe officiel de M. Gambetta :

« *Nous sommes devenus la risée des trois continents de l'ancien monde.*

« La France est arrivée à sa *déchéance* et depuis l'année terrible, nous n'avons pas subi de pareille *humiliation.* »

Le *Voltaire,* autre feuille gambettiste :

« D'un bout du monde à l'autre, le drapeau français, partout appelé, reste partout en panne. »

Le *Paris,* encore un organe officiel de M. Gambetta :

« Hélas ! le pays est las et découragé. Et franchement on ne peut s'en étonner... La *République est frappée de stérilité.* Comment gouverner quand la source de tout pouvoir est tarie ? »

Le *Journal des Debats :*

« ... Voilà donc d'après quelles informations notre gouvernement dirige sa politique, si l'on peut appeler politique l'*effacement, l'anéantissement, le suicide.* »

Le *Siècle* :

« On laisse dans les cartons pendant des mois les projets de loi les plus utiles et quand on les discute, on constate qu'un très petit nombre de députés seulement cherche à les approfondir. »

La *Revue des Deux-Mondes* :

« Ils ne s'aperçoivent pas, nos gouvernants, que par leurs passions ou leurs calculs de parti, par leurs abus d'autorité dans un intérêt de domination, ils dépassent souvent tout ce qu'ont fait des gouvernements qui n'ont jamais été considérés comme scrupuleux. *Ils se permettent ce que ne se sont pas permis les gouvernements les plus personnels, les plus décriés,* et, au bout du compte, *en abusant de tout, ils ne fondent rien.* »

Le *National* :

« En voyant les ministres tomber les uns après les autres, le public finit par se dire que le régime actuel est une forme de gouvernement sous laquelle aucun ministre n'a le temps d'étudier quoi que ce soit, ni de faire aucune réforme utile. »

La République a supprimé la liberté de l'enseignement, elle a proscrit l'enseignement religieux ; elle a décrété l'enseignement obligatoire et laïque ; elle a dépensé des centaines de millions et quintuplé le budget de l'instruction publique pour établir partout des écoles sans Dieu.

Et voici le résultat auquel elle a abouti :

La *République française* disait avant-hier :

« Les organes spéciaux à l'armée nous apprennent que, *cette année encore, on a remarqué l'abaissement du niveau de l'instruction et de l'intelligence parmi les candidats à l'Ecole polytechnique et à l'école de Saint-Cyr.* Le même fait est signalé depuis dix ans (c'est-à-dire depuis l'établissement de la République.) »

Le *Temps* disait hier :

« Ils nous revient de toute part que *le niveau des études s'abaisse.* »

Aussi, voici le jugement que M. Vacherot, qui a été pendant près d'un demi-siècle l'un des principaux chefs du parti républicain en France, porte sur la République telle que la Franc-Maçonnerie l'a faite :

« Nous allons à *un abaissement continu* dans une voie où la France ne trouvera ni sa puissance ni sa grandeur. Les nouvelles couches feront descendre de plus en plus notre pays dans l'estime des nations. »

III

Dans le sens le plus strictement légal, dans le sens de cette légalité chaque jour foulée aux pieds par les républicains, le mouvement royaliste est absolument régulier, soit qu'on le considère au point de vue de l'action exercée au moyen des conférences, des banquets et des réunions privées; soit qu'on le juge au point de vue d'une révision totale de la Constitution, soit qu'on l'apprécie selon les espérances légitimes d'une grande opinion dont le programme politique et religieux revendique le droit national traditionnel de la France consacré à nouveau par la Nation tout entière dans ses cahiers de 1789.

Mais, diront les inventeurs de complots royalistes, les fidèles de la Monarchie légitime se préparent à fomenter la guerre civile et à provoquer l'insurrection violente contre les lois, etc...

Non, cela n'est pas la vérité.

Ce qui est la vérité c'est que les partis ont refusé de se réconcilier dans la vérité politique; c'est que les moyens réguliers et légaux d'éviter les catastrophes en cherchant le salut dans le retour au principe d'ordre qui a créé la grandeur française, ont été repoussés par les factieux, par les orgueilleux et les habiles; c'est que la patience de Dieu est épuisée; c'est qu'*il y a une loi immuable*, dit Lamennais, *contre laquelle rien ne prévaut;* que *toute société qui, étant sortie des voies de sa nature, s'obstine à n'y point rentrer, ne se renouvelle que par la dissolution; il faut, ainsi que l'homme, qu'elle traverse le tombeau pour arriver à la vie une seconde fois.*

Ce qui est la vérité, c'est que les vrais royalistes ont tout fait, depuis 1848, pour rendre la France à ses traditions nationales par les moyens légaux : en 1850, les partis ont refusé de donner la parole à la France; après 1871, quand la France a fait connaître ses vœux en faveur de la Monarchie, les partis ont méprisé le cri de la France...

Ce qui est la vérité, c'est que la République nous précipite, par ses folies criminelles, dans la plus épouvantable des anarchies, c'est qu'elle arrête la vie nationale, c'est qu'elle se suicide et qu'elle nous livre à l'Europe épouvantée; c'est que contre cette anarchie où l'Internationale seule règne et gouverne, il y a le droit de légitime défense, et que cette défense légitime ne peut avoir pour chef que le représentant de l'autorité légitime, le Roi.....

Qui n'a lu dans *les Aventures du capitaine Hatteras*, de Jules Verne, le récit de cette belle scène où le capitaine Hatteras, caché sous le costume d'un matelot depuis le départ du navire, arrive sur le pont, au moment où tout va sombrer sous les coups d'une tempête polaire?... Il faut passer entre deux montagnes de glace; l'équipage est perdu, l'anarchie est à bord, nul n'a le droit d'y commander: tous conspirent à la perte de tous... Tout à coup le chef légitime bondit sur le pont, saisit la barre du gouvernail et donne l'ordre de franchir la passe redoutable: Tout est fini, tout est sauvé!

Le Pilote nécessaire apparaîtra à l'heure de Dieu. L'idée du droit planant sur tout un peuple, incarnée dans le plus vertueux et le plus intelligent des chefs, dans le plus légitime des rois, sauvera la France de l'anarchie et de l'étranger.

Angers, 19 mars 1883, fête de saint Joseph.

NOTES

A.

L'*Étoile* de l'Ouest a publié la lettre suivante :

Mon cher Directeur,

L'action est engagée entre l'*Etoile* et l'*Union de l'Ouest*. Je m'en féliciterai si vous pouvez réussir à démasquer votre adversaire. L'*Union de l'Ouest* a été fondée par les royalistes; les personnages qui la dirigent aujourd'hui ont dû leurs succès électoraux aux suffrages royalistes; et, lorsqu'ils sont arrivés au pouvoir, jugeant la France assez sauvée, n'ont jamais fait aucun effort pour le triomphe du principe royaliste.

Que veut-elle ?

Après avoir protesté contre le manifeste de Chambord, elle a exalté le système parlementaire, aujourd'hui dans toute sa splendeur; — système excluant tout autre pouvoir que celui d'une majorité de rencontre, sans responsabilité et sans mandat.

Rêve-t-elle encore le triomphe de ces hommes dont l'habileté devait tout surmonter ? Pendant huit ans ils ont eu la majorité dans l'Assemblée; ils ont pu faire des lois excellentes, brisées *légalement* par leurs successeurs.

Que fait-elle aujourd'hui ?

Elle défigure les paroles et les intentions des royalistes; elle va chercher, pour les diffamer, ses arguments dans les feuilles hostiles à leurs opinions et recueille les approbations de la *République française*.

Son programme ?

Il n'est formulé nulle part; mais il semble qu'il doit être : combattre le grogramme national du roi et mettre à sa place celui des hommes dont l'orgueil *a faussé le jugement*, dont les doctrines politiques ont été condamnées par la plus cruelle expérience et par la banqueroute totale de leurs promesses *libérales*.

Laissez-moi vous conter une anecdote très authentique : Pendant le règne constitutionnel du maréchal de Mac-Mahon, un de nos amis s'était rendu au château de N***, vers le nord-ouest de l'Anjou, faire une visite de voisinage. A son entrée au salon, une discussion sur la politique de l'Assemblée s'était établie entre la maîtresse de la maison et un des chefs du parlementarisme arrivé là, lui aussi, depuis un quart d'heure. Le grand homme, avec l'aplomb que donne la conscience de son propre génie, affirmait *l'habileté* de cette politique et la supériorité des hommes d'Etat alors à la tête de la majorité. La châtelaine, femme d'esprit — de cœur surtout — ne paraissait pas se rendre aux arguments de son adversaire, et persistait à témoigner de ses angoisses pour l'avenir, en présence du radicalisme progressant toujours, malgré d'habiles résistances. Les faits qu'elle citait faisaient sourire son interlocuteur, dont le langage suffisant, tempéré par la courtoisie, semblait annoncer un événement extraordinaire et prochain, de nature à repousser au fond de l'abîme toutes les craintes de sa gracieuse hôtesse. Celle-ci, peu à peu, détourna la conversation.... On se quitta de bonne amitié, chacun gardant (comme toujours), à la suite de la discussion, la conviction propre qui l'avait précédée.

A quelques jours de là, notre ami revint au château de N***. Le matin même, l'événement du 16 Mai avait éclaté par toute la France comme une bombe — de feu d'artifice. — Dès son arrivée, la châtelaine vint au devant de lui :

— Vous savez la grande nouvelle ?

— Oui, Madame.

— J'ai reçu, à la même heure, une lettre de M...., la voici : « Convenez, cette fois-ci, Madame, que M. de Broglie vous a sauvée. » (!!)

— Eh bien ! en êtes-vous convaincue ?

— Pas du tout, mais comment répondre ?

— Voulez-vous me permettre de dicter ?

— Volontiers ; j'écris :

« Monsieur le comte, prenez, sur votre table, les mémoires de Madame « Swetchine; à la page.... du.... tome.. ., vous pouvez lire : *Le temps fait « les vieillards, il ne fait pas les sages.* » (1)

. . . .

V. H. V.

B.

En octobre dernier, répondant au *Voltaire*, qui engageait les *conservateurs* à s'unir aux gambettistes pour constituer une république modérée, le *Soleil*, organe ami des princes d'Orléans, disait que si le *Voltaire* était sincère, il devrait commencer par faire avoir *avant* à ces *conservateurs* la place qu'il leur promet *après* au Sénat, à la Chambre, dans la diplomatie, dans l'administration, dans la magistrature et dans l'armée.

« *Le marché qu'il leur propose aujourd'hui, ajoutait le* Soleil, *s'ils « l'acceptaient, serait un marché de dupes. Il serait la répétition de « celui que le centre droit a eu la naïveté de conclure avec le centre « gauche pour le vote d'une constitution républicaine.* »

« On sait comment les monarchistes libéraux ont été récompensés de « leur concours. »

Nous fîmes remarquer dans l'*Etoile* ces paroles du *Soleil* pour montrer à M. le vicomte Arthur de Cumont, qui a voté la république avec le centre droit, que nous avions été absolument dans la vérité historique quand, dans nos lettres sur *les responsabilités*, nous avions établi ce fait que c'est grâce à l'alliance intime et permanente du centre droit et des gauches que la constitution républicaine a été votée.

L'*Union de l'Ouest*, qui quatre mois auparavant avait refusé de répondre à nos lettres, daigna sortir de son silence.

Le journal de M. de Cumont prétendit nier les faits relatés par nous, d'après l'*Officiel*.

Nous répondîmes :

La défense assez piteuse de l'*Union de l'Ouest* consiste à dire ceci :

1° Qu'en votant pour L'ENSEMBLE DES LOIS QUI ONT CONSTITUÉ ET LÉGALISÉ EN FRANCE LE GOUVERNEMENT RÉPUBLICAIN, M. de Cumont n'a pas voté pour la République.

2° M. de Cumont, nous dit l'*Union de l'Ouest*, a voté contre l'amendement Wallon qui affirmait la République.

3° M. de Cumont a voté les lois constitutionnelles RÉPUBLICAINES pour

---

(1) Inutile de désigner plus clairement le personnage en question, l'éditeur des œuvres de Mme Swetchine.

permettre à l'extrême droite de *revenir à une conception plus juste des réalités politiques et des conditions possibles d'une restauration de la Monarchie légitime.*

Cette dernière raison ne peut se discuter en quelques lignes ; elle appartient au domaine de la conscience... Quand M. de Cumont a voté les lois républicaines, légalisé la République, il n'a pas voté la République ; il a préparé le retour de la monarchie légitime ; il a surtout pensé à l'amélioration du programme royaliste.

Ceci est affaire entre le chrétien pratiquant qui nous répond et Dieu qui sonde les secrètes pensées de son cœur.

A la question de savoir si M. de Cumont, en votant pour la Constitution républicaine, n'a pas voté pour la République, parce que quelques semaines avant il avait repoussé l'amendement Wallon, nous devons répondre ceci :

Sous l'apparence de la puérilité se cache un sophisme indigne d'un honnête homme.

M. de Cumont, s'il avait voté l'amendement Wallon, eût fait preuve de logique sans aggraver beaucoup ses torts ; il aurait pu voter cet amendement et rentrer ensuite dans la voie droite en repoussant l'ensemble des lois constitutionnelles de la République. Tout lui eût été pardonné.

Mais après avoir repoussé le mot, il accepte la chose et le mot, car la République qui tue la France à cette heure est bien autrement affirmée dans la Constitution votée avec le centre droit, le 25 février 1875, que dans l'amendement Wallon.

C.

Voici l'aveu que nous trouvons encore, en octobre 1882, dans le *Soleil,* organe orléaniste :

« Oui, nous sommes en état de crise perpétuelle, nous y étions déjà avant les élections générales de 1881 qui n'ont fait que la rendre plus aiguë, mais qui ne l'ont pas créée. Le premier, le grand responsable de cet état de crise, c'est M. Thiers.

« L'Assemblée de 1871 aussi a sa part de responsabilité dans la prolongation, dans l'intensité de l'état de crise perpétuelle où nous sommes. Elle a manqué de coup d'œil et de sang-froid dans la nuit du 24 mai 1873. Il fallait, cette nuit-là faire tout autre chose que ce qu'elle a fait, il fallait ne pas se *séparer avant d'avoir voté la restauration de la Monarchie avec une Charte constitutionnelle et libérale rédigée séance tenante,* ne confiant au maréchal d'autre mission que celle d'assurer le respect de décisions légalement prises.

« Malheureusement ce qui est fait est fait. Les événements vont si vite que la nuit du 24 mai 1873 n'appartient plus qu'à l'histoire du passé. Tirons le rideau sur cette faute qui risque de devenir irréparable pour notre patrie. Irréparable ! non, la France a encore trop de vitalité pour que cette expression soit fatalement vraie. »

Les responsabilités incombent donc aux habiles qui ont suivi M. Thiers, inventé le Septennat et voté la République.

Quant à la rédaction d'une charte bâclée par les doctrinaires et qui n'eût été que la violation de la constitution et du droit national de la France, elle aurait eu pour résultat, si le Roi se fût laissé *tondre* par le duc d'Audiffret-Pasquier, de perdre pour longtemps la Monarchie nationale, seul espoir de salut pour la France aujourd'hui et toujours ! Dieu ne l'a pas permis !

G. V.

TABLE DES MATIÈRES

Angers, imp. Germain et G. Grassin, rue Saint-Laud. — 418-83.

www.ingramcontent.com/pod-product-compliance
Ingram Content Group UK Ltd.
Pitfield, Milton Keynes, MK11 3LW, UK
UKHW020150200726
13856UKWH00003B/930

9 782012 475861